William MacDonald

Das tat Gott

cLv

Christliche Literatur-Verbreitung e.V.
Postfach 11 01 35 · 33661 Bielefeld

Soweit nicht anders vermerkt, sind die Bibelzitate der Elberfelder Übersetzung 2003, Edition CSV Hückeswagen, entnommen.

1. Auflage 1995
2. Auflage 1997
3. Auflage 2005
4. überarbeitete Auflage 2013

Originaltitel: The Grandeur Of God's Grace
© 1994 by William MacDonald

© der deutschen Ausgabe 1995 by CLV
Christliche Literatur-Verbreitung
Postfach 11 01 35 · 33661 Bielefeld
Internet: www.clv.de

Übersetzung: Hermann Grabe
Umschlag: Lucian Binder, Marienheide
Satz: CLV
Druck und Bindung: CPI – Ebner & Spiegel, Ulm

ISBN 978-3-86699-155-2

Inhalt

Die Größe der göttlichen Gnade	4
Ein unlösbares Problem	6
Eine einzigartige Lösung	9
Jetzt die gute Botschaft	17
Gottes unfassbare Gnade	20
Wie kann man die Gnade richtig schätzen?	26
Ein Evangelium, das keins ist	46
Man kann leicht feststellen, wer wirklich gerettet ist	58
Ihre Worte verraten Sie	63
Was haben Sie bloß gegen gute Werke?	67
Beantworten Sie mir diese Fragen	69
Missbrauchte und falsch verstandene Gnade	76
Wie Gott Heiligkeit bewirkt	79
Es ist alles Gnade	86
Wir fassen zusammen	90
Abkürzungen	96

KAPITEL 1

Die Größe der göttlichen Gnade

John Newton verbrachte eine traurige Kindheit und Jugend. Er heuerte auf einem Handelsschiff seines Vaters an und versank dabei in die Tiefen von Betrug, Perversion und Gottlosigkeit. Angeblich konnte er zwei Stunden lang fluchen, ohne sich zu wiederholen. Nachdem ihn sein Vater gefeuert hatte, begann er auf einem Sklavenschiff. Dort fiel er in Ungnade und wurde selbst ein Sklave der afrikanischen Frau seines Chefs.

Als er bei einem schrecklichen Sturm beinahe umgekommen wäre, bekehrte er sich und wurde später ein Prediger des Evangeliums, das er bis dahin so verachtet hatte.

In dem beliebten Lied »Amazing Grace« hat er dieses Erlebnis seiner Rettung für uns festgehalten. Durch eine eigenartige Fügung führte dieses Lied zeitweise die Pop-Hitlisten an, die doch von Leuten zusammengestellt werden, die wahrscheinlich die hier besungene wunderbare Gnade Gottes nicht selbst erfahren haben.

O große Gnade, die mich rief
Und mich Verlor'nen fand,
Als blind ich ins Verderben lief,
Ergriff mich Deine Hand!

Die Gnade hat mich frei gemacht
Von Sünde, Nacht und Tod
Und mich ans helle Licht gebracht,
Zu Dir, mein Herr und Gott!

Die Gnade zeigt' mir meine Schuld,
Mein Ganz-Verlorensein,
Doch auch zugleich des Heilands Huld,
Des darf ich mich stets freu'n.

War oft in Angst und Irrtumsnacht,
Wusst' weder ein noch aus,
Die Gnade hat mich durchgebracht
Und bringt mich auch nach Haus.

Dann werden wir im Himmelslicht
Anbetend vor Ihm steh'n
Und schauend in Sein Angesicht
Die Gnade Selber seh'n.

KAPITEL 2

Ein unlösbares Problem

Gott stand vor einem Problem. Na ja, das ist nicht ganz richtig ausgedrückt. Gott ist zu mächtig und zu weise, um wirklich Probleme *zu haben*. Er *löst* sie höchstens. Aber *von unserem Blickwinkel* aus erscheint es so, als ob Gott vor einem unlösbarem Problem stand, um einen Weg zur Erlösung der Menschen zu finden.

Nachdem wir das richtiggestellt haben, können wir fragen, worin das Problem besteht. Soviel ich sehe, liegt es darin, dass wir einen scheinbaren Widerspruch zwischen den beiden großen Eigenschaften Gottes erkennen.

Einerseits ist Gott Liebe. Er liebt die Menschen leidenschaftlich. Sie sind die Krone seiner Schöpfung. Unter all den Wundern, die er schuf, fand er ein besonderes Wohlgefallen an den Menschen. Er wünscht sich die Gemeinschaft mit jedem Mann, mit jeder Frau, mit jedem Jungen, jedem Mädchen, und zwar für alle Ewigkeit.

Gott ist gerecht, und wir alle sind Sünder. Daraus entsteht das Problem. Er kann Sünde nicht dulden. Er kann keine einzige Sünde übersehen oder entschuldigen. Sünde muss bestraft werden, und die Strafe für Sünde ist der Tod. Wenn Sünder in Ewigkeit bei Gott wohnen sollen, müssen ihre Sünden auf irgendeine Weise ausgelöscht werden. Die Strafe muss bezahlt werden, und die Menschen müssten rein und ohne Sünde sein, bevor sie bei Gott wohnen könnten.

Daraus ergibt sich dieses gewaltige Problem. Einerseits ist Gott Liebe, und seine Liebe will nicht, dass auch nur ein Mensch verlorengeht. Er will niemand in die ewige Verdammnis schicken. Er will, dass alle mit ihm die Pracht und die Freude des Himmels ewig erleben.

Aber Gott ist Licht. Seine Gerechtigkeit verlangt, dass die Sünden der Sünder bestraft werden. Er fordert volle Vergeltung für jede Bosheit, mag sie in Worten, Taten oder Gedanken geschehen sein. Ohne Vergebung kann kein Sünder jemals in den Himmel gelangen.

Wie kann Gott einen Plan zu unserer Rettung entwerfen, der seiner Liebe entspricht und von seiner Gerechtigkeit keine Kompromisse verlangt? Wie kann er gleichzeitig ein gerechter Gott und ein Retter sein? Wie kann er gottlosen Sündern vergeben, ohne ungerecht zu sein? Das ist das Problem.

Einst sagte der berühmte griechische Philosoph Sokrates zu seinem Schüler Plato: »Es könnte sein, dass Gott Sünden vergeben kann, aber ich kann mir nicht vorstellen, wie.«

Sieben Voraussetzungen, die ein Rettungsplan erfüllen muss

Es war ein Akt unbeschreiblicher Gnade, als Gott beschloss, die gefallene Menschheit zu retten. Aber mit dieser Entscheidung entstand die Notwendigkeit, einen Plan zu entwerfen, der den Anforderungen seiner Liebe und seiner Heiligkeit völlig entspricht.

Weil er alle liebt, muss die Erlösung folgende Voraussetzungen erfüllen:

1. Sie muss **allen offenstehen**. Niemand darf ausgeschlossen bleiben.
2. Sie muss unerschöpflich sein und **für alle ausreichen**. Sie muss größer sein als jede nur denkbare Not irgendeines Menschen.
3. Sie muss **für alle geeignet** sein. Wie böse und schlimm das Leben eines Menschen auch sei, das darf niemand von der Erlösung ausschließen.
4. Sie muss so einfach sein, dass **jeder sie begreift**. Es hat keinen Zweck, ein Angebot zu machen, das man nicht verstehen kann.
5. Sie muss **für jeden erreichbar** sein. Sie darf also keine Bedingungen stellen, die irgendjemand nicht erfüllen kann.
6. Sie darf keine Möglichkeit zum Angeben bieten. Stolz ist die Wurzel aller Sünden, und niemand, der stolz ist, wird in den Himmel kommen. Um Angeberei auszuschließen, muss jeder **die gleichen Voraussetzungen** für den Himmel mitbringen.
7. Und doch muss dieser Plan dabei so beschaffen sein, dass Gott **ihn niemand gegen seinen Willen aufzwingt**.

KAPITEL 3

Eine einzigartige Lösung

Um all diesen Voraussetzungen gerecht zu werden, ist nur eine Lösung denkbar. Irgendwo muss ein passender Stellvertreter gefunden werden, der die Strafe für die Sünden der Menschen auf sich nimmt. Sicher wissen die meisten, was es mit einer Stellvertretung auf sich hat. Zum Beispiel schickt in manchen Sportarten der Trainer einen Ersatzmann aufs Feld, damit dieser für einen anderen spielt. Zur Zeit des Alten Testaments wusste jeder gläubige Israelit, was ein Stellvertreter ist. Damals brachte man ein Opfertier zum Altar und legte die Hände auf den Kopf des Tieres. Das bedeutete die Übertragung der Schuld auf den Stellvertreter, der dann an seiner Stelle starb.

Darin lag die Lösung von Gottes Problem. Ein Stellvertreter stirbt anstelle der sündigen Menschen.

Aber auch dieser Stellvertreter musste eine Reihe von Bedingungen erfüllen:

1. *Er muss Mensch sein*, sonst wäre der Tausch weder gerecht noch gleichwertig.
2. *Er muss sündlos sein*, weil er sonst wegen seiner eigenen Sünde sterben müsste.
3. *Er muss Gott gleich sein.* Nur eine in jeder Beziehung *unendlich große* Person kann für die unzähligen Sünden der Menschen bezahlen. Der Wert

des Stellvertreters muss ausreichen, alle Sünden der Menschheit in Vergangenheit, Gegenwart und Zukunft auszugleichen.
4. *Er muss sein Blut vergießen,* weil Gott bestimmt hat, dass es ohne Blutvergießen keine Vergebung gibt. Das Leben ist im Blut, und darum gilt: Leben für Leben.
5. *Er muss es freiwillig tun.* Sonst könnte Satan Gott vorwerfen, dass er ungerecht ist und ein Opfer gegen seinen Willen gezwungen hat, anstelle der gottlosen Sünder zu sterben.

Jesus genügt all diesen Anforderungen

Die einzige Person im ganzen Universum, die diese Voraussetzungen erfüllt, ist Jesus Christus.
1. *Er wurde Mensch* in Bethlehem, geboren von der Jungfrau Maria. Er war durch und durch Mensch.[1] Es bleibt uns immer unbegreiflich, dass der ewige Gott als kleines, hilfloses Baby zu uns kam und Mensch wurde.
2. *Er ist sündlos.* Das kann niemand bestreiten. Er beging keine Sünde, er kannte keine Sünde, und in ihm war keine Sünde.[2]
3. *Er ist Gott.*[3] Er besitzt alle Eigenschaften Gottes. Die ganze Fülle der Macht Gottes ist in ihm, und er ist in allem dem Vater gleich.
4. Am Kreuz von Golgatha vergoss er sein Blut für

---
[1] 1. Timotheus 2,5.
[2] 2. Korinther 5,21; 1. Petrus 2,22; 1. Johannes 3,5.
[3] Johannes 1,1.

Sünder. Unzählige sind durch das Blut Jesu Christi, des Sohnes Gottes, von all ihren Sünden gereinigt worden.[4]

5. Er hat dieses Werk der Erlösung *freiwillig* auf sich genommen. Da gab es kein Widerstreben, kein Zurückschrecken. Im Gegenteil! Wir sehen nur ein freudiges Befolgen von Gottes Willen.[5]

Die Lehre von der Stellvertretung Christi kann man in der ganzen Bibel finden. Jesaja wagte zu sagen: »Doch er hat unsere Leiden getragen, und unsere Schmerzen hat er auf sich geladen … um unserer Übertretungen willen war er verwundet … Die Strafe zu unserem Frieden lag auf ihm, und durch seine Striemen ist uns Heilung geworden … und der HERR hat ihn treffen lassen unser aller Ungerechtigkeit.«[6] Johannes der Täufer rief: »Siehe, das Lamm Gottes, das die Sünde der Welt wegnimmt!«[7] Tief ergriffen sagte der Apostel Paulus: »… [der] Sohn Gottes, der mich geliebt und sich selbst für mich hingegeben hat.«[8] Und Petrus fügte hinzu: »… der selbst unsere Sünden an seinem Leib auf dem Holz getragen hat …«[9] Hierher gehört auch unbedingt noch, was Johannes, der Apostel der Liebe, uns versichert: »… und er ist die Sühnung für unsere Sünden, nicht aber allein für die unseren, sondern auch für die ganze Welt.«[10]

---

4 1. Johannes 1,7.
5 Psalm 40,9; Hebräer 12,2.
6 Jesaja 53,4-6.
7 Johannes 1,29.
8 Galater 2,20.
9 1. Petrus 2,24.
10 1. Johannes 2,2.

Gottes Rettungsplan genügt allen Anforderungen

Weil der Herr Jesus allen Bedingungen für ein stellvertretendes Opfer vollkommen entspricht, kann Gott jetzt seinen wunderbaren Plan der Erlösung, die gute Botschaft, das Evangelium, verkünden. Er kann das Heil als Geschenk jedem anbieten, der seine Sünden bereut und in einem bewussten Akt des Glaubens seinen Sohn als Herrn und Retter annimmt.

1. Das Heil ist für alle da. Der Herr selbst sagt: »Wer mein Wort hört und dem glaubt, der mich gesandt hat, hat ewiges Leben und kommt nicht ins Gericht.«[11] Wenn es von Geld abhinge, müssten die Armen draußen bleiben.
2. Es reicht auch für alle aus.[12] Der Tod dieses großen Erretters ist so wirksam, dass die Sünden der ganzen Welt dadurch gesühnt werden können. Es ist der große Ozean, in dem alle Sünden für ewig verschwinden.
3. Jeder kann gerettet werden, denn alle sind Sünder.[13] Gerade unser Unvermögen qualifiziert uns für das Heil Gottes. Ist es nicht großartig, dass die Gabe des ewigen Lebens nicht nur für die Klugen, die Reichen, die Schönen oder die Berühmten ist? Einige von uns würden dann ganz sicher nicht dazugehören. Ja, wenn man dafür auch nur lesen, klettern, reden oder sehen können müsste, so wären immer noch einige ausgeschlossen. Nun aber gilt das Evangelium für die ganze Welt!

---

11 Johannes 5,24.
12 1. Johannes 2,2.
13 Römer 3,23.

4. Das Heil ist so einfach, dass jeder es verstehen kann. Niemand ist dafür zu primitiv oder zu unterentwickelt. Im Evangelium sagt der Herr Jesus: »Komm!«[14] – ohne jede erschwerende Bedingung. William Cowper staunte: »O, der himmlische Plan ist ganz anders als die komplizierten Konstruktionen der Menschen: ungekünstelt und befreiend!«
5. Jeder kann das Heil annehmen.[15] Man bekommt es durch Umkehr, und jeder kann umkehren. Man bekommt es durch Glauben, und jeder kann an den Herrn Jesus Christus glauben. Niemand ist glaubwürdiger als er. Und es gibt nichts Vernünftigeres für ein Geschöpf, als seinem Schöpfer zu vertrauen.
6. Die Gnade verhindert Stolz. Der Betreffende sagt: »Ich habe all die Sünden getan, und Christus hat alles für die Errettung getan. Ich berufe mich auf seine Taten, nicht auf meine eigenen. Ich habe kein Recht auf den Himmel durch das, was ich habe oder bin. Christus allein ist mein Pass dorthin.« Wenn wir auf irgendeine Weise durch eigene Anstrengungen den Himmel verdienen könnten, vielleicht durch unseren guten Charakter, dann hätten wir Grund, stolz zu sein. Jeder würde versuchen, den anderen zu übertrumpfen. Sogar noch im Himmel würden wir dauernd versuchen, die anderen zu überbieten. Er wäre voll von Neid, Eifersucht und Rivalität. Chuck Smith drückt das so aus: »Ich würde dort sitzen und deinen Geschichten zuhören und dabei denken: Wie langweilig! Wenn er doch endlich still wäre, damit ich

---

14 Matthäus 11,28.
15 Offenbarung 22,17.

anfangen kann zu erzählen, wie toll ich bin! Das wäre doch kein Himmel!«[16]

7. Die Menschen werden nicht zu Gottes Heil gezwungen.[17] Der Schöpfer gab uns Willensfreiheit. So eigenartig es klingt, es wollen tatsächlich nicht alle errettet werden, und Gott drängt niemandem den Himmel auf. Niemand – ob Mann oder Frau – wird gegen seinen Willen dorthin gebracht. Sie können ganz sicher sein: Eine Religion, die sich durch Zwang, Gewalt und Terror ausbreitet, stimmt nicht.

So sehen wir, dass Gottes Rettung vollkommen ist. Sie entspricht auf der ganzen Linie den göttlichen Anforderungen und ist doch gleichzeitig von jedem Menschen zu erlangen. Christi Werk am Kreuz versetzt Gott in die Lage, völlig seiner Liebe entsprechend zu handeln, ohne dass seine Gerechtigkeit Kompromisse machen muss. Der Psalmist drückt das in dichterischer Sprache so aus:

Güte und Wahrheit sind sich begegnet,
Gerechtigkeit und Frieden haben sich geküsst.[18]

Weil nun Gott so ist, wie er ist, und der Mensch voll Sünde steckt, ist es klar, dass dies der einzige Weg zur Rettung ist. Auf keinem anderen Weg gibt es Erlösung für uns Menschen.

---

16 Chuck Smith, *His Workmanship*, Servants of the King, Bromley, Kent, England: STL Books, 1989, S. 139-140.
17 Johannes 3,16.
18 Psalm 85,11.

Max Lucado sagt dazu:

> *Keine andere Religion der Welt bietet so eine Botschaft an. Alle anderen verlangen die starre Einhaltung festgelegter Regeln, das jeweils richtige Opfer, die richtigen Gesänge, ein bestimmtes Ritual, die richtigen Beschwörungen oder emotionalen Erfahrungen. Sie sind nichts als ein Geschäft, ein guter Tausch: Sie tun dies, und Gott tut dann das dafür.*
> *Das Ergebnis? Entweder Arroganz oder Angst. Arroganz, wenn man meint, die Anforderungen erfüllen zu können, und Angst, wenn man glaubt, dass man versagt hat.*
> *Das Reich Gottes ist genau das Gegenteil. Es ist ein Reich für die Armen, wo man die Zugehörigkeit **verliehen, nicht verkauft bekommt**. Man wird in Gottes Reich versetzt und als Sohn angenommen. Und dies geschieht nicht, weil wir genug getan hätten, sondern weil wir zugegeben haben, niemals genug tun zu können. Man kann es nicht verdienen, man muss es einfach wie ein Geschenk annehmen. Das Ergebnis davon ist, dass man Gott dienen will, nicht aus Arroganz oder aus Angst, sondern aus Dankbarkeit.*[19]

John MacArthur bestätigt uns, dass es auf der Welt letztlich nur zwei Möglichkeiten gibt, wie sich Menschen in glaubensmäßigen Dingen verhalten können:

> *Jede falsche Religion, sei sie nun von Menschen oder vom Satan erfunden, ist eine Religion der **mensch-***

---

19 *The Applause of Heaven*, Dallas: Word Publishing, 1993, S. 99.

lichen Anstrengung. Heidnische Religionen, Humanismus, Animismus und auch das falsche Christentum fallen unter diese Kategorie. Sie konzentrieren sich alle auf das, was der Mensch tun soll, um gerettet zu werden oder diesem Gott zu gefallen.

Das biblische Christentum ist die einzige Glaubensrichtung, in der Gott alles tut. Die anderen Religionen sagen: ›Vollbringe es!‹ Im Christentum heißt es: ›Es ist vollbracht!‹ (Joh 19,30). In anderen Religionen müssen die Gläubigen irgendwelche Werke aufweisen, um ihre Sünden zu tilgen, die Götter zu besänftigen oder auf andere Weise von ihnen angenommen zu werden. Die Bibel sagt, dass Christi Werk dem glaubenden Sünder angerechnet wird.[20]

Spurgeon fragt:

Wer wäre je auf den Gedanken gekommen, dass der **sündlose König für die rebellischen Sünder stirbt?** *So etwas kommt weder in den Lehren der Religionsstifter und Mythologen noch in den kühnsten Träumen oder der Fantasie der Dichter vor. Den Menschen wurde dieser Weg der Vergebung nur bekannt, weil er eine Tatsache ist. Unsere Vorstellungskraft hätte nie so weit gereicht. Gott selbst hat es so gefügt. Es ist weit mehr, als wir uns vorstellen können.*[21]

---

20 John F. MacArthur, *Faith Works*, Dallas: Word Publishing, 1993, S. 99.
21 Zitiert aus: *Baptist Biblical Heritage*, April 1994, S. 1.

KAPITEL 4

Jetzt die gute Botschaft

Die Tatsache, dass wir nur durch Gnade und nicht durch Werke gerettet werden können, wird wohl am kürzesten und deutlichsten in Römer 4,4-5 beschrieben:

> *Dem aber, der wirkt, wird der Lohn nicht nach Gnade zugerechnet, sondern nach Schuldigkeit. Dem aber, der nicht wirkt, sondern an den glaubt, der den Gottlosen rechtfertigt, wird sein Glaube zur Gerechtigkeit gerechnet.*

Achten wir im Folgenden auf die Aussagen über Gnade und Glauben:

> *Wenn jemand arbeitet und dafür Lohn empfängt, so erhält er nur, was sein Arbeitgeber ihm schuldet. Das ist sein Verdienst. Es ist keine Gnade.*

Aber Gottes Rettung sieht anders aus, auch wenn es uns widerstrebt. Gott rettet nur solche, die keine Werke dafür tun, sondern das Heil als Geschenk annehmen. Nur wenn man den Versuch aufgibt, sich das Heil zu erarbeiten, kann man in Gottes Ruhe gelangen.[22]

---

[22] Hebräer 4,10.

Viele stoßen sich auch daran, dass Gott nur schlechte Menschen rettet, keine guten. Nicht diejenigen, die ihr Bestes geben, sondern nur die, welche bereitwillig zugeben, dass sie nichts taugen. Mit anderen Worten: Leute, die umkehren.

Beachten wir besonders das Wort »glauben«. Darum geht es vor allem. An Jesus Christus zu glauben, heißt, ihn als Herrn und Heiland anzunehmen. Es bedeutet, dass ich ihn als den anerkenne, der die Strafe für meine Sünden getragen hat. Glauben bedeutet auch, dass meine ganze Hoffnung, in den Himmel zu kommen, sich nur auf ihn stützt. Das eindeutige Zeugnis der Bibel lautet: Die Errettung kommt durch den Glauben an Christus.[23]

Wenn jemand an ihn glaubt, ist er gerettet. Und man kann es wissen, dass man gerettet ist – nicht wegen bestimmter Gefühle, sondern weil Gottes unveränderliches Wort es sagt.

Kommen Sie mit leeren Händen

Um errettet zu werden, muss man jede andere Hoffnung aufgeben. Nicht nur die Hoffnung, dass man sich selbst erlösen kann, sondern sogar die, dass man auch nur ein wenig dazu beitragen kann. Viele Liederdichter drücken das aus. Als Beispiel soll das weitverbreitete Lied »Fels des Heils« von Toplady dienen. Da heißt es in der zweiten und dritten Strophe:

---

[23] Johannes 1,12; 3,15-16; 3,36; 5,24; 6,40.47; 7,37-38; 11,25-26; 20,31; Apostelgeschichte 16,31; Römer 10,9; Galater 3,22-26; Epheser 2,8; 1. Johannes 5,10-13.

Dem, was Dein Gesetze spricht,
Kann mein Herz genügen nicht.
Mag ich ringen, wie ich will,
Fließen auch der Tränen viel,
Tilgt das doch nicht meine Schuld,
Herr, mir hilft nur Deine Huld.

Da ich denn nichts bringen kann,
Schmieg' ich an das Kreuz mich an.
Nackt und bloß, o, kleid' mich doch!
Hilflos, ach, erbarm' Dich noch!
Unrein flieh' ich, Herr, zu dir,
Wasche mich, sonst sterb' ich hier.

übersetzt von E. Gebhardt

Ein Prediger wurde einmal von einer Dame in ein Gespräch verwickelt. Bald merkte er, dass es ihr darum ging, Gott durch gute Werke gnädig zu stimmen, aber sie konnte dadurch nicht froh werden. Schließlich sagte er: »Wissen Sie was? Wir beschreiten zwei verschiedene Wege in glaubensmäßigen Dingen.« Sie sah ihn erstaunt an, weil sie das nicht verstehen konnte, bis er fortfuhr: »Ihr Weg hat drei Buchstaben, und meiner hat fünf. – Ihr Weg heißt TUN, und mein Weg heißt GETAN. Alles, was Gott von uns verlangt, hat der Herr Jesus schon längst für uns getan.«

KAPITEL 5

Gottes unfassbare Gnade

Wir singen oft über die wunderbare Gnade. Aber ist uns überhaupt klar, was uns damit geschenkt ist?

Zunächst: Was ist Gnade? Man könnte zuerst sagen, dass Gott uns seine Gunst schenkt. Aber sie ist noch mehr. Diese Gunst ist unverdient. Lassen Sie uns noch einen Schritt weitergehen: Es ist unverdiente Gunst gegenüber denen, die genau das Gegenteil verdient haben. Sie zeigt, wie groß die Freundlichkeit und das Entgegenkommen unseres Gottes ist: ein unergründlicher Ozean.

Die Wörter *Gnade* und *Gabe* hängen eng zusammen. Gnade ist eine Gabe, und deshalb kann sie nicht erarbeitet oder verdient werden. Sobald Schuldigkeit und Verdienst eine Rolle spielen, handelt es sich nicht mehr um Gnade. Außerdem hat die Gabe der Gnade Gottes so ungeheure Ausmaße, dass jeder Gedanke, sie jemals verdienen zu können, völlig absurd ist. Ihre Größe ist unbeschreiblich und niemals ganz zu erfassen.

Die frohe Botschaft lautet nun: Rettung kommt allein durch Gnade,[24] und zwar durch Glauben! Glauben heißt: Man muss die Gnade durch einen eindeutigen Willensakt annehmen. Niemand wird je begreifen, was das Evangelium wirklich ist, wenn er

---

[24] Epheser 2,8-9.

nicht auf diese Weise mit der Gnade Bekanntschaft gemacht hat.

Die Gnade Gottes ist wunderbar. Sie kann bußfertigen Prostituierten vergeben, sie reinigen und neue Menschen aus ihnen machen, die dazu bestimmt sind, in der ewigen Herrlichkeit bei Jesus zu sein. Sie kann einen sterbenden Verbrecher im letzten Augenblick seines Lebens erretten und ihn noch am selben Tag ins Paradies begleiten.

Die Gnade bevölkert den Himmel mit bekehrten Mördern, Ehebrechern, Trinkern, Dieben und Lügnern. Sie kann jeden Sünder retten.

Die Gnade hat Millionen aus den schrecklichsten Tiefen und dem ekligsten Schlamm der Sünde gezogen. Sie hat ihre Füße auf einen Felsen gestellt und ihren Weg bewahrt. Sie hat ein Lied in ihr Herz gegeben, um Gott zu verherrlichen, und wenn es so weit ist, dann bringt sie uns in die Wohnungen des Vaterhauses.[25]

C. S. Lewis, der bekannte Professor von Oxford und Cambridge, erzählt, wie er sich gegen Gott gewehrt hat, wie er schrie und zappelte. Er sei der widerspenstigste Bekehrte im ganzen Land gewesen, aber der Herr habe ihn einfach durch Gnade überwältigt. Dann fügt er hinzu: »Wer kann diese (Gnade) gebührend bewundern, welche die hohen Pforten (des Himmels) für einen armen Sünder öffnet und ihn hereinschleppt, während er vor Wut um sich tritt und schlägt und in jede Richtung späht, um eine Fluchtmöglichkeit zu entdecken?«[26]

---
25 Psalm 40,2-4.
26 *Surprised by Joy*, New York: Harcourt Brace Jovanowich Publishers, 1984, S. 229.

Der Liederdichter Haldor Lillenas schlägt den rechten Ton an, wenn er von der wunderbaren Gnade Jesu sagt, sie sei »weiter, als die Übertretung reicht, viel größer noch als Sünd' und Schande«.

Jeder wahre Gläubige muss immer wieder sagen: »Ich weiß nicht, warum der Herr gerade mir seine Gnade erwiesen hat. Ich bin diese Gunst überhaupt nicht wert. Der Preis, den er bezahlt hat, ist entschieden zu hoch.«

Die Gnade übersteigt die Grenzen der Vernunft und der Logik; aber sie verletzt sie nicht. Die Vernunft hätte nie den Hirten für die Schafe, den Richter für die Verurteilten und – ganz unvorstellbar – den Schöpfer für die Geschöpfe sterben lassen. Die Logik würde fordern, dass die Sünder für die Sünde sterben und die Strafe für die Übertretung des Gesetzes tragen müssen. Die Gnade tut das Undenkbare.

Jemand hat das Wunder der Gnade so beschrieben: »Gnade sucht nicht nach guten Menschen, die einen Anspruch auf sie haben. Dann wäre es auch nicht mehr Gnade, sondern ein gerechter Lohn für gute Werke. Nein, sie sucht Verurteilte, Schuldige, Hilflose und solche, die es nicht verdient haben, um sie dann zu retten, zu heiligen und zu verherrlichen.«

Gnade ist besser als Milde

Wenn ein verurteilter Verbrecher Strafmilderung erhält, sagen wir, der Richter sei mild verfahren. Gefängnisarrest statt der Todesstrafe gilt als mildes Urteil. Der Schuldige erhält weniger, als er verdient hat.

Die Gnade ist mehr. Sie entlässt den schuldigen Sünder. Sie erklärt ihn für gerecht. Sie bringt die verurteilende Stimme des Gesetzes zum Schweigen.

Gnade ist besser als Gerechtigkeit

Gnade und Gerechtigkeit sind völlige Gegensätze. Ein Mensch wünscht sich Gerechtigkeit, wenn er sich für gut hält. Dann verlangt er, was er für sein Recht hält. Wir haben alle nur die Hölle verdient. Bitten Sie Gott niemals um Gerechtigkeit!

Wenn es um Gnade geht, sagt man: »Ich bin schuldig; aber ich glaube, dass Christus starb und die Strafe für meine Sünden getragen hat, und ich nehme ihn als meinen Herrn und Erlöser an.«

Jesus erzählte ein Gleichnis, das den Unterschied zwischen Gerechtigkeit und Gnade illustriert:[27] Ein Gutsbesitzer suchte Tagelöhner für seinen Weinberg. Früh am Morgen boten sich einige an, um für einen Denar, den üblichen Tageslohn, zu arbeiten. Der Vertrag wurde abgeschlossen.

Im Laufe des Tages stellte er noch andere an, die bereit waren, für das zu arbeiten, was auch immer der Gutsherr ihnen geben würde.

Am Abend erhielten die ersten Arbeiter ihren Denar. Alle anderen erhielten dieselbe Summe. Aber das war ein viel höherer Stundenlohn. Die ersten Arbeiter erhielten ihren gerechten Lohn, die anderen empfingen Gnade. Gnade ist besser als Gerechtigkeit.

---

[27] Matthäus 20,16.

Gnade ist ein besserer Grundsatz als die Gebote

Die Gebote sagen, was wir tun müssen, damit Gott uns nicht verurteilt. Die Gnade spricht die Schuldigen vor Gott frei, und dann sagt sie, dass wir uns dieser Stellung entsprechend verhalten sollen.

Die Gebote sagen: »Tun Sie das Richtige, dann werden Sie nicht verurteilt.« Die Gnade sagt: »Ich spreche Sie frei, dann können Sie das Richtige tun.«

Die Gebote befehlen uns, was wir tun sollen, geben uns aber nicht die Kraft dazu. Und wenn wir es nicht erfüllt haben, verurteilen sie uns. Die Gnade lehrt uns, was wir machen sollen, gibt uns dazu die Kraft und belohnt uns noch, wenn wir danach gehandelt haben.

Die Gebote drohen uns also mit Gericht, und die Gnade verspricht uns Belohnung.

Die Gebote verurteilen sogar die Besten von uns, weil auch sie die Zehn Gebote nicht halten können. Die Gnade spricht den allerschlimmsten Sünder, der umkehrt, frei.

Die Gebote fördern den Stolz. Die Gnade nimmt ihm die Grundlage.

Die Gebote sagen: »Sie müssen … Sie sollen … Sie dürfen nicht …!« Die Gnade sagt: »Sie sollten nun … Sie müssten eigentlich!« Das eine sagt, was von mir verlangt wird, das andere sagt, was meine neue Natur gern tun würde.

Durch die Gebote hört das Arbeiten für die Erlösung nie auf. Die Gnade erzählt von dem, der alles für mich getan hat.

Die Gebote fordern: »Sie sollten lieben!« Die Gnade erinnert Sie: »So sehr hat Gott die Welt (und auch Sie) geliebt …«

Die Gebote legen den Menschen schwere Lasten auf. Die Last der Gnade ist leicht. Das Gesetz ist ein System, das Fesseln anlegt. Die Gnade führt in die Freiheit. Das ist der Unterschied zwischen dem, der unterdrückt ist, und demjenigen, der privilegiert ist.

Das Gesetz kennt keine Barmherzigkeit. Es ist kalt, hart und fragt nicht nach unseren Fähigkeiten. Die Gnade sagt uns, dass Gott reich an Barmherzigkeit ist.

KAPITEL 6

Wie kann man die Gnade richtig schätzen?

Niemand wird die Gnade wirklich zu schätzen wissen, bevor er nicht vier große Tatsachen erkannt hat:
- wer Jesus ist;
- was er getan hat;
- für wen er es getan hat; und
- was dies für den Empfänger bedeutet.

Wer ist Jesus?

Er ist nicht nur ein Mensch wie wir, sondern …
… er ist gleichzeitig der allmächtige Gott, der das Universum mit zahllosen Wundern geschaffen hat.
… er ist der Schöpfer, der auch unseren komplizierten Körper gebildet und uns Verstand verliehen hat. Durch ihn besteht alles, und er erhält alles.
… ihm ist alle Macht und alle Weisheit gegeben. Und er ist allgegenwärtig.
… er ist der Heilige, dem die Sünde völlig fremd ist.
… er ist reich an Herrlichkeit, Majestät und Ehre, und zwar von Ewigkeit an. In seiner Gegenwart bedecken die Engel ihr Angesicht. Er hält die Ozeane in seiner hohlen Hand, misst den Himmel mit der Spanne seiner Hand ab und den Staub der Erde mit

seinem Messbecher. Er hat die Berge mit der Waage gewogen und die Hügel mit Waagschalen.[28]

Können wir erwarten, dass eine solche Person Interesse an uns zeigt?

Was tat er?

Er liebt uns ohne Ursache, obwohl er ganz genau wusste, wer wir sind und was wir tun. Er verließ die Herrlichkeit des Himmels, wo er von Myriaden heiliger Engel angebetet wurde, um in dem Gestank eines Viehstalls geboren zu werden. Da singt Martin Luther:

Den aller Weltkreis nie beschloss,
Der lieget in Marien Schoß
Und ist ein Kindlein worden klein,
Der alle Ding' erhält allein.

Und dort im Sumpf und Schmutz des Menschengeschlechts ließ er sich auf vielerlei Weise von seinen Geschöpfen misshandeln. Wenn man nur daran denkt, dass sie dem Sohn des Allmächtigen ins Angesicht gespien haben. Und man liest in den Psalmen, er sei »das Saitenspiel der Zecher« geworden!

Er litt, wie keiner je gelitten hat. Er wurde verwundet, gegeißelt und durchbohrt. Er wurde geschlagen bis sein Rücken wie ein umgepflügtes Feld war. Seine Gesichtszüge waren durch die Misshandlungen bis zur Unkenntlichkeit entstellt. Seine Peiniger rissen

---

28 Jesaja 40,12.

ihm die Haare aus und renkten ihm seine Gelenke aus. Darüber schrieb Graham Kendrick:

*Hände, die die Sterne warfen in das All,
Ließen sich nun nageln an des Kreuzes Pfahl.*

All dies war aber noch nichts – verglichen, mit dem, was es für ihn hieß, von Gott verlassen zu sein. Als er betete, war es, als sei der Himmel tot. Auf eine Weise, die wir höchstwahrscheinlich nie begreifen werden, legte Gott all unsere Sünden auf seinen geliebten Sohn und führte dann sein furchtbares Zorngericht an ihm aus, bis der Herr Jesus die ganze Schuld bezahlt hatte.

Er starb als unser Stellvertreter, bezahlte die Strafe für unsere Sünden und verlangte dafür gar nichts von uns. Dort am schrecklichen Kreuz sehen wir den Einzigen, der sündlos ist, wie er für eine Welt von verlorenen Sündern getötet wurde.

*Es ist das ewige Erbarmen,
Das alles Denken übersteigt,
Dess', der mit offnen Liebesarmen
Sich nieder zu dem Sünder neigt,
Der uns von Fluch und Tod befreit,
Uns führt zu Jesu Herrlichkeit.*

*O Gnade, welche alle Sünden
Durch Christi Blut jetzt tilgen kann,
Und lässt nun allerorts verkünden
Vergebung, Frieden jedermann.
Das ew'ge Heil ist jetzt bereit,
O wunderbare Gnadenzeit!* Ph. Fr. Hiller

J. O. Sanders schrieb:

Die klügsten Denker aller Zeiten haben versucht, die Bedeutung des Kreuzestodes Christi zu verstehen. Aber niemand hat seine unendliche Tiefe ergründen können. Wie Paulus haben sie es mit dem Ruf des Erstaunens aufgegeben: »O Tiefe des Reichtums, sowohl der Weisheit als auch der Erkenntnis Gottes! Wie unerforschlich sind seine Gerichte und unergründlich seine Wege!« (Röm 11,33).

Harold St. John sagt, wir hätten von der Gnade Gottes, wie sie uns am Kreuz entgegentritt, noch nichts begriffen, wenn sie uns nicht den Atem verschlägt und dann zum Wichtigsten in unserem Leben wird.

Spurgeon bittet uns, dieses Wunder zu betrachten:

»Jesus hat wegen uns die Todesstrafe getragen … Sehen Sie ihn da am Kreuze hängen! Das ist das Größte, was Sie je zu sehen bekommen: Sohn Gottes und Sohn des Menschen. Dort hängt er und erduldet unsagbare Schmerzen, der Gerechte für die Ungerechten, damit er uns zu Gott führen kann.
O, welche Herrlichkeit erblicke ich! Der Unschuldige leidet! Der Heilige ist verurteilt! Der Gesegnete wurde verflucht! Die unendliche Herrlichkeit sank in Tod und Schande!«[29]

---

29 Zitiert aus: *Baptist Biblical Heritage*, April 1994, S. 1.

Der Retter verdiente die gemeine Behandlung nicht, die ihm widerfuhr. Wir sind den enormen Preis, den er zahlte, nicht wert. Es war einfach zu viel! Wenn wir das wirklich begreifen, »werden unsere Herzen vor Dankbarkeit zerfließen und unsere Augen vor Tränen«.

Allerdings war der Tod nicht das Ende. Drei Tage später wurde er auferweckt. Wäre er nicht auferstanden, so wäre sein Tod wie der von jedem anderen. Aber er war völlig anders. Er war der Erste, der vom Tod erstanden und nie mehr gestorben ist. Er war der Erste, der in einem verherrlichten Leib auferstanden ist. Diese Auferstehung zeigt, dass er »der Sohn Gottes in Kraft« ist. Sie war der Beweis, dass Gott durch das Werk am Kreuz vollkommen zufriedengestellt wurde. Und sie ist die Garantie, dass auch alle, die an ihn glauben, in einem verherrlichten Leib auferstehen werden, der seinem Auferstehungsleib gleicht.

Für wen tat er das?

- Wir waren gottlose Sünder, undankbare Tröpfe, Würmer, die nichts verdient hatten.
- Wir waren verloren, ohne Hoffnung, ohne Hilfe.
- Wir hatten die Hölle wirklich verdient.
- Nichts Liebenswertes war an uns zu finden.
- Wir wollten nichts mit dem Herrn zu tun haben. Wir wollten keinen »Big Brother«, der unser Leben vom Himmel aus überwacht und regiert. Unsere guten Taten waren so »sauber« wie schmutzige Lumpen. Und in unseren schlimmsten Mo-

menten wären wir in der Lage, Gott zu ermorden. Der Prophet hat recht, wenn er sagt: »Arglistig ist das Herz, mehr als alles, und verdorben.«[30] Keiner kann die Tiefe der Verdorbenheit ermessen.

Hier müssen wir innehalten und uns daran erinnern, wie wir uns sehen und wie Gott uns sieht. Viele sind freundlich und haben einen liebenswerten Charakter. Sie sind gute Nachbarn und kommen regelmäßig in die Gottesdienste. Sie spenden für die Armen, Kranken und Hilfsbedürftigen. Sie kennen solche und gehören vielleicht sogar zu ihnen – als ruhige, gesetzestreue Bürger, freundlich und – soviel man von außen sieht – als respektable Persönlichkeiten.

Aber wir dürfen nie den göttlichen Maßstab aus dem Auge verlieren und der heißt: Man muss vollkommen sein. Und da fehlt es bei jedem von uns.[31] Nicht einer von uns ist sündlos. Nicht einer wollte, dass seine Gedankenwelt allen offenbar würde. Selbst wenn wir noch nicht alle Zehn Gebote gebrochen haben, sind wir doch dazu imstande. Was wir *sind*, ist weit schlimmer, als was wir *tun*. Einige mögen besser sein als andere, aber Gott sieht uns alle als verzweifelte Sünder, die in äußerster Gefahr stehen und dringend errettet werden müssen.

Wir waren »tot in Übertretungen und Sünden«. Wir lebten wie die Welt und wurden vom Teufel an der Kette gehalten.

Wir waren Kinder des Ungehorsams. Wir wollten nur unseren Eigenwillen ausleben und waren von

---

30 Jeremia 17,9.
31 Römer 3,23.

Natur »Kinder des Zorns«, ohne Christus, ohne Gott und ohne Hoffnung.[32]

Ja, so sehen die Leute aus, für die Christus starb. Das wird alles noch bemerkenswerter, wenn man bedenkt, wie unbedeutend wir sind. Aus 3000 Meter Höhe sind wir kaum noch zu erkennen. Wie unendlich klein erscheinen wir aus einer Entfernung von Milliarden von Lichtjahren! Und doch liebt er uns! Vernon C. Grounds sagt dazu: *»In Anbetracht der fast völligen Bedeutungslosigkeit unserer Erde ist es kaum zu fassen, dass der Schöpfer des Universums sich darum kümmert, wie es dem Menschen geht. Jemand hat die Menschheit zynisch beschrieben als einen kaum sichtbaren Ausschlag auf der Oberfläche eines submikroskopischen Planeten in einem unwichtigen Sonnensystem.«* Und dann fügt Grounds hinzu: *»Das Erstaunliche daran ist, dass Gott sich wirklich um uns kümmert.«*[33]

Niemand weiß die Gnade Gottes richtig zu schätzen, bis er zum Kreuz gekommen ist und mit den Worten von D. T. Niles sagt: *»Das tat ich ihm an, und das tat er für mich!«*[34]

Was bedeutet das für den Gläubigen?

Die Gnade hätte für den **Gläubigen** *nicht weniger* tun können, als sie tatsächlich getan hat. Zum Beispiel hätte sie uns unendliches Leben auf der Erde ohne die traurigen Alterserscheinungen geben kön-

---

32 Epheser 2,2-3.
33 *Our Daily Bread*, 20. April 1994.
34 Zitiert aus: Leighton Ford, *The Power of Story*, Colorado Springs: Navpress, 1994, S. 112.

nen. Das allein wäre schon wunderbar. Sie hätte die Menschen auch vor dem ewigen Feuer retten können. Das wäre noch besser gewesen.

Aber Gott war nicht mit halben Sachen zufrieden. Weil er uns in dem Opfer seines Sohnes das Beste gegeben hatte, beschloss er, uns auch das reichste Erbe zu schenken, das er sich ausdenken konnte.

Jetzt beschreiben wir einen Teil des Segens, der zum Evangelium der Gnade gehört:

Freude. Gemeint ist eine übernatürliche Herzensfreude, die von äußeren Einflüssen unabhängig ist. Das Gegenteil davon sind nicht Sünden, sondern Sorgen. Diese Freude kommt aus der Beziehung zu Gott und zum Herrn Jesus. Darum ist sie genauso beständig wie diese Beziehung.

Friede. Alle, die durch den Glauben gerettet sind, haben Frieden mit Gott. Der Krieg mit dem Allmächtigen hört auf, wenn wir die Waffen strecken. Darauf folgt ein übernatürlicher Friede, eine Ausgeglichenheit und Gelassenheit, weil man weiß, dass der Herr alles in seiner Hand hat.

Hoffnung. Im Neuen Testament bezieht sich der Begriff *Hoffnung* gewöhnlich auf die Zukunft des Gläubigen im Himmel. Im Gegensatz zum normalen Gebrauch dieses Wortes beinhaltet diese Hoffnung überhaupt keinen Zweifel, weil sie sich auf Gottes Versprechen gründet. Der Gläubige ist sich so sicher, dass er in den Himmel kommen wird, als wenn er schon dort angekommen wäre.

Ruhe. Als Jesus sagte: »Kommt her zu mir ... ich werde euch Ruhe geben«, sprach er über die Ruhe der Errettung. Das ist die Ruhe, die entsteht, wenn man den Versuch aufgibt, sein Seelenheil selbst zu erkämpfen, und auf das vollendete Werk Christi vertraut. Aber Jesus sprach auch noch von einer anderen Ruhe: »Nehmt auf euch mein Joch und lernt von mir ... und ihr werdet Ruhe finden.« Diese Ruhe finden wir, wenn wir ihm dienen und seinem demütigen Vorbild folgen.

Freiheit. Die Wahrheit macht Menschen frei – nicht um sündigen Leidenschaften nachzugehen, sondern frei, um gerecht zu leben und Gott zu gefallen und ihm zu dienen. Der Christ ist frei von der Herrschaft der Sünde und von der Sklaverei des Gesetzes; aber er ist nicht gesetzlos! Durch seine Liebe zu Christus will er ihm gehorchen.

Sinn im Leben. Bevor man nicht wiedergeboren ist, weiß man im Grunde nicht, wozu man da ist. Erst danach bekommt das Leben einen Sinn. Man hat ja etwas (oder besser jemand) gefunden, für den man lebt und für den man auch sterben würde. Man findet Erfüllung in der völligen Hingabe an den Sohn Gottes. Man hat nun eine Lebensanschauung, die die uralte Frage nach der Schöpfung, nach der Existenz des Bösen und nach dem Sterben beantwortet. – Man hat eine Heimat gefunden.

Zufriedenheit. Der Gläubige ist nie mit sich oder seinen Bemühungen zufrieden, aber er ist mit

Christus zufrieden. So sagt Dr. Martyn Lloyd-Jones: »Es gibt nichts, wonach mein Herz sich sehnt. Er gibt völlige Zufriedenheit.«[35]

Ewiges Leben.[36] Diese kostbare Gabe ist das Leben, das Christus selbst hat. Es ist das überströmende Leben, das der Heiland versprochen hat.[37] Auch die Ungläubigen haben eine ewige Existenz; aber die Gläubigen haben Christus in sich, die Hoffnung der Herrlichkeit.[38] Das natürliche Leben beginnt bei der Geburt und endet mit dem Tod. Ewiges Leben beginnt mit der neuen Geburt und endet nie. Ewiges Leben ist nichts Geringeres als die direkte Verbindung mit Gott! Können Sie das begreifen?

Vergebung.[39] Durch das Wunder der Gnade bringt Gott die Sünden so weit weg, wie der Osten vom Westen entfernt ist. Er will sich nie wieder an sie erinnern. Alle Anklagen gegen die Bußfertigen wurden an das Kreuz genagelt.[40] Sie existieren nicht mehr. Deshalb konnte Samuel W. Gandy schreiben:

Der Kläger stellt mich gerne bloß
Vor Schranken des Gerichts.
Ich weiß es selbst, die Schuld ist groß;
Gott aber findet nichts.

---

35 *The Heart of the Gospel*, Wheaton, IL: Crossway, 1991, S. 165-166.
36 Römer 6,23.
37 Johannes 10,10.
38 Kolosser 1,27.
39 Epheser 1,7.
40 Kolosser 2,14.

Erlösung.[41] Menschen wurden um einen unvorstellbar hohen Preis, mit dem kostbaren Blut Christi, auf dem Sklavenmarkt der Sünde gekauft und freigelassen. Kein Geschäft war je kostspieliger, keine Transaktion gewagter! Aber welch ein wunderbarer Tausch! Niemals hatten so viele Menschen einem Einzelnen so viel zu verdanken.

Rettung.[42] Die Gläubigen sind nicht nur von der ewigen Strafe der Hölle erlöst, sie werden auch gerettet von den gegenwärtigen bösen Einflüssen und für das himmlische Reich Gottes bewahrt. Sie wurden von der Strafe der Sünde errettet, als sie zum Glauben kamen, und sie werden jetzt vor ihrer Macht bewahrt durch Christi Gebete für uns im Himmel. Sie werden aber auch aus der Gegenwart der Sünde gerettet sein, wenn sie in ihrem ewigen Zuhause angekommen sind.

»Angenehm gemacht in dem Geliebten.«[43] Gott sieht jetzt jedes seiner vertrauenden Kinder »in Christus« und erkennt es auf dieser Grundlage an. Jeder »in Christus« ist Gott genauso willkommen wie sein geliebter Sohn. In der Person des Herrn Jesus ist er dem Vater genauso nahe wie der Herr. Es kommt nicht auf uns an, sondern auf unsere Verbindung zu Christus, nicht auf das, was wir darstellen, sondern auf die Person Christi und auf sein Werk.

---

41 1. Petrus 1,18.
42 Epheser 2,5.
43 Epheser 1,6 (Luther 1912).

Vollkommen in Christus.[44] Selbst wenn es an die Grenzen unseres Glaubens stößt, ist es doch absolut wahr: Wenn jemand dem Heiland vertraut, so kommt er sicher in den Himmel. Der Grund ist, dass Christus seine Eintrittskarte ist. Wenn jemand Christus hat, so hat er den Numerus clausus für das Vaterhaus erreicht. Der Gläubige braucht nicht seine eigenen Zeugnisse vorzuzeigen, sondern die Zensuren Christi. Und dieser hat nur Einsen.

Geliebt wie Christus.[45] Wahre Christen sind Gott nicht nur so nahe wie Christus, sie sind ihm auch so wertvoll. Der Vater liebt sie mit derselben Liebe, mit der er seinen Sohn liebt. Darum können wir ohne Übertreibung sagen, dass Gott sein Volk nicht mehr lieben kann, als er es schon tut. Diese unsagbar schönen Tatsachen sollten besser bekannt, geglaubt und genossen werden!

Gerechtfertigt.[46] Wenn der Sünder, der nicht umkehren will, vor Gott, seinem Richter, steht, so kann es nur ein Urteil geben: »Schuldig!« Wenn aber ein Gläubiger, der umgekehrt ist, vor Gericht geschleppt wird, liegt die Sache völlig anders. Gott ist immer noch der Richter; aber der Herr Jesus ist der Verteidiger. Wenn die Anklage verlesen wird, tritt Christus vor und sagt (im Bilde gesprochen): »Euer Ehren, mein Mandant ist schuldig.« Dann zeigt er auf die Wunden in seinen Händen und

---

44 Kolosser 2,10.
45 Johannes 17,23.
46 Römer 5,10.

Füßen und in seiner Seite und fährt fort: »Aber ich habe für seine Verbrechen am Kreuz von Golgatha bezahlt. In diesem Fall plädiere ich auf Anerkennung von meinem Werk als Stellvertreter.« Der Richter nickt zustimmend. »Der Angeklagte ist freigesprochen«, sagt er. »Ich erkläre ihn für gerecht, denn ich finde nicht eine einzige Sünde, und so kann er nicht verurteilt werden. Der Fall wird niedergeschlagen!« Diese erfreuliche Tatsache gab W. Noel Tomkins den Mut zu schreiben:

Erst, wenn Gott den Sohn nicht liebt,
Der aus Ihm geboren,
Wenn es bei Ihm Sünde gibt,
Bin auch ich verloren.

Roy Hession erzählt von einem Engländer, der in seinem Rolls-Royce nach Frankreich in Urlaub fuhr. Bei der Fahrt über eine schrecklich holprige Straße brach die Hinterachse. Die dortige Werkstatt konnte ihm nicht helfen. Aber auf Anruf kamen aus England zwei Monteure von Rolls-Royce mit einer neuen Achse und setzten sie ein. Monate später, als immer noch keine Rechnung gekommen war, schrieb er an Rolls-Royce, erinnerte an den Fall und bat um die Rechnung. Die Firma antwortete: »Wir haben unsere Unterlagen sorgfältig geprüft, konnten aber keinen Fall finden, wo eine Achse bei einem Rolls-Royce gebrochen ist.« So geht es mit dem, der an Christus glaubt. Gott kann alles sorgfältig untersuchen und findet doch keinen Hinweis auf irgendeine Sünde, deren Bestrafung noch aussteht.

Geheiligt.[47] Die Lehre von der Heiligung ist wunderbar. Sie beschreibt die Tatsache, dass Gott die Gläubigen von der Sünde und der Welt trennt, damit sie ihm gehören. Sobald sie gerettet sind, sind sie damit in die Stellung von Heiligen versetzt. Dann lehrt Gott sie, wie sie dieser Position gerecht werden und heilig leben können. Aber erst im Himmel werden sie diese Aufgabe völlig erfüllen können.

Christus dient ihnen.[48] Als großer Hoherpriester, Mittler, Sachwalter und Helfer gibt er uns Gnade, Standhaftigkeit und Mut. Er tritt für uns ein. Wenn wir sündigen, bemüht er sich, die Gemeinschaft mit uns wiederherzustellen. Tag und Nacht verteidigt er sein Volk gegen die Anklagen Satans.

Er wohnt in ihnen.[49] In dem Augenblick der neuen Geburt zieht der Heilige Geist in das Kind Gottes ein. Es ist erstaunlich, aber wahr, dass der gebrechliche menschliche Körper von da an ein Tempel des Heiligen Geistes ist. Der Geist gibt die Kraft zur Heiligung, zur Anbetung und zum Dienst für Gott. Er ist für die auffällige Veränderung verantwortlich, die das Leben eines Gläubigen kennzeichnet.

Sie sind mit dem Geist getauft.[50] Dieses Wirken des Geistes macht alle, die Buße tun und an Christus glauben, zu Gliedern seines Leibes. Im Augenblick der

---

47 Hebräer 10,10.
48 Hebräer 4,14-16; Römer 8,34; 1. Johannes 2,1; Johannes 14,16.
49 Johannes 14,16-17.
50 1. Korinther 12,13.

Errettung erhält der Gläubige das außerordentliche Privileg, zu der großartigsten Gemeinschaft auf dieser Erde zu gehören: zur Gemeinde. Diese neue Gemeinschaft hat Christus zum Haupt und alle wahren Gläubigen zu Gliedern. Worte reichen nicht aus, um das enge Band zu beschreiben, das die Nachfolger Christi mit ihm und untereinander verbindet.

Sie sind versiegelt.[51] Außer den bisher genannten Wirkungen des Geistes ist er uns auch als Siegel gegeben, das den Besitzer kennzeichnet und die ewige Sicherheit garantiert. Jeder Sünder, der mit Christi Blut erkauft ist, trägt dieses Siegel.

Sie haben ein Unterpfand.[52] Genauso sicher, wie der Gläubige den Heiligen Geist hat, hat er auch sein ganzes Erbe sicher. Dazu gehört auch sein verherrlichter Leib im Himmel. Das Unterpfand ist also eine Anzahlung oder ein Vorgeschmack. Manchmal wird ein Verlobungsring als Bild für das Unterpfand des Geistes benutzt.

Sie sind gesalbt.[53] Wenn jemand errettet ist, empfängt er den Heiligen Geist als Salbung. Dies schließt zweierlei ein: Erstens ist der Geist unser Lehrer, der dem Gläubigen ermöglicht, zwischen Wahrheit und Irrtum zu unterscheiden. Zweitens befähigt er ihn zu besonderen Diensten. Auch im

---

51 Epheser 1,13.
52 Epheser 1,14.
53 1. Johannes 2,27.

Alten Testament wurden Propheten, Priester und Könige gesalbt.

Sie haben im Gebet Zugang zu Gott.[54] Welch atemberaubendes Wunder – der Geringste im Reich Gottes hat sofort und jederzeit Zugang zu dem Herrscher des Universums! Im Glauben erhebt er sich von der Erde in den Thronsaal des Himmels, ins Allerheiligste und hat eine Audienz bei dem König der Könige und dem Herrn der Herren. Dieses Privileg war aber nicht billig! Es kostete das Blut Jesu.[55]

Um das Gebet der Christen lebendiger zu machen, riet Bernhard von Clairvaux schon vor Jahrhunderten als Hilfe:

Bete so, als wärst du hinaufgehoben und vor sein Angesicht gestellt, dort, vor den Thron des Höchsten, wo Tausende und Abertausende ihm dienen.

Sie haben ein neues Bürgerrecht.[56] Die Bekehrung beinhaltet einen Wechsel der Staatsbürgerschaft – von der irdischen zur himmlischen. Leute, die vorher auf dieser Erde zu Hause waren, werden nun Ausländer, Pilger und Fremde. Sie erkennen einen neuen Herrscher an und gehorchen einem übergeordneten Recht. Gleichzeitig respektieren sie aber die irdische Autorität und gehorchen den Gesetzen im Staat, solange sie dadurch nicht mit den wichtigeren Geboten des Himmels in Konflikt

---

54 Epheser 2,18.
55 Hebräer 10,19.
56 Philipper 3,20.

geraten. Ihre alte Heimat ist dem Untergang geweiht, ihr neues Vaterland ist ewig.

Sie sind Kinder Gottes.[57] Durch die Errettung bekommt man neue Vorfahren. Die Geburtsurkunde des Erlösten weist Gott als Vater aus. Stellen Sie sich das vor! Sie sind nicht das Kind eines Präsidenten oder Königs, sondern das Kind des Schöpfers und Erhalters der ganzen Welt. Keine Ehre könnte größer sein.

Sie sind Söhne Gottes.[58] Das gilt für Männer und Frauen. Gläubige werden als erwachsene Söhne in die Familie Gottes aufgenommen, mit allen Rechten und Pflichten von Erwachsenen. Sie werden nicht wie Unmündige durch Gesetze eingeengt, sondern sie sind freie Söhne und Töchter.

Sie sind Erben Gottes und Miterben Christi.[59] Was mit diesen Titeln gemeint ist, verstehen wir. Aber was uns mit ihnen alles geschenkt ist, das entzieht sich unserer Vorstellungskraft. Wer könnte den Reichtum Gottes des Vaters und seines Sohnes ermessen? Die höchsten uns bekannten Zahlen reichen nicht aus. Und doch, dieser ganze Reichtum gehört jedem, der den Herrn liebt.

Sie sind heilige und königliche Priester.[60] Das Priestertum des Alten Testaments war auf einen

---

57 Johannes 1,12.
58 Galater 4,6.
59 Römer 8,17.
60 1. Petrus 2,5.9.

Stamm und eine Familie beschränkt. Im Neuen Testament aber sind alle Gläubigen Priester. Sie haben eine zweifache Aufgabe: Erstens sollen sie Gott ihre Liebe, ihr Leben, ihr Lob, ihren Besitz und ihren Dienst opfern. Zweitens sind sie berufen, die wunderbaren Eigenschaften von dem bekannt zu machen, der sie aus der Finsternis zu seinem wunderbaren Licht gerufen hat.

Sie sind mehr als Sieger.[61] Wie kann man noch mehr als ein Sieger sein? Entweder man gewinnt, oder man verliert. Wie kann man mehr als siegen? Gemeint ist, dass die Gläubigen auch im ärgsten Kampfgetümmel schon die Sieger sind. Wie es ausgehen wird, ist gewiss. Sie stehen auf der Seite des Siegers. Zu gewissen Zeiten mögen die Wellen ihnen entgegenschlagen; aber der Strom der göttlichen Gnade wird am Ende stärker sein.

Sie sind dazu bestimmt, in sein Bild umgestaltet zu werden.[62] Sie sollen als seine fleckenlose Braut in alle Ewigkeit bei ihm sein. Darby nannte es eine »Vorstellung, die alle Vorstellungen übertrifft«, dass wir moralisch und geistlich in das Ebenbild unseres Herrn verändert werden. Staunend fragte er:

Ist's wahr, ich werde sein wie Er?
Ist das die Gnad' für mich vom Kreuze her,
(Vater, Gedanke, den kein Mensch gedacht),
Die mich in Herrlichkeit Ihm gleich gemacht?

---
61 Römer 8,37.
62 1. Johannes 3,2.

Zusammengefasst: **Sie sind gesegnet mit jeder geistlichen Segnung in Christus.**[63] Ein Freund Gottes hat einmal gesagt: »Hier müssen wir innehalten und anbeten! Ich jedenfalls muss es tun; denn die Augen meiner Seele schmerzen, als hätte ich in die Sonne geschaut.«[64] Und in den Worten von Jane Austen füge ich hinzu: »*Gläubige müssen lernen, damit zu leben, dass sie glücklicher sind, als sie es verdienen.*«[65]

Maximale Gnade

Tatsächlich, der Gläubige ist besser dran, als wenn es die Sünde nie gegeben hätte. Anders ausgedrückt: Er ist mit Christus besser dran, als er es jemals mit Adam vor dem Sündenfall gewesen wäre.

> *Der Herr hat viel mehr wieder'bracht,*
> *Als Adam je besessen,*
> *Und uns zu Gottes Volk gemacht*
> *Und uns're Schuld vergessen.*

In seiner ursprünglichen Unschuld wäre Adam nie »in dem Geliebten« oder als »vollkommen in Christus« angenommen worden. Er wäre nie ein Sohn Gottes geworden. Er hätte nie eine Hoffnung auf die himmlische Heimat oder auf die Veränderung in Christi Bild haben können. Nie hätte er sich über

---

63 Epheser 1,3.
64 Charles H. Spurgeon, *Sermons on the book of Daniel*, Grand Rapids: Zondervan Publishing House, 1966, S. 54.
65 *Persuasion*, London: MacDonald and Jane's, 1974, S. 273.

all die oben aufgezählten Segnungen freuen können.

Solange Adam nicht gesündigt hatte, konnte er sicher auf der Erde leben. Aber er hätte nie das Leben Christi bekommen. Der Heilige Geist hätte nicht in ihm gewohnt, und nie hätte er sich all dessen erfreuen können, was die Sünder besitzen, die durch Gnade gerettet sind.

Und dann lebte Adam fortwährend unter der drohenden Gefahr, in Sünde zu fallen und verdammt zu werden. Diese Todesdrohung hing wie ein Damoklesschwert über Adam und Eva. Und wie wir wissen, sündigte Adam, und seine Sünde brachte eine Lawine von Kummer, Elend und Tod ins Rollen. Aber Gott sandte seinen Sohn, um einen Weg zur Rettung zu bahnen, und die Gläubigen über alles menschliche Vorstellungsvermögen hinaus reich zu beschenken. So sind begnadigte Sünder besser dran als in einem Zustand, der fortwährende Sündlosigkeit auf Erden zusichert.

> »Wo aber die Sünde überströmend geworden ist, ist die Gnade noch überreichlicher geworden.«[66]

Was Gott mit uns vorhatte, ist von Anfang bis Ende Gnade. Da bleibt uns die Luft weg, voller Ehrfurcht stehen wir staunend da und bewundern die unergründliche, überreiche Gnade, die größer ist als alle unsere Sünden.

---

66 Römer 5,20b.

KAPITEL 7

Ein Evangelium, das keins ist

Es gibt noch eine Art Evangelium, ein falsches. Es ist überhaupt keine gute Nachricht, und doch wird sie von den meisten Menschen in der Welt geglaubt. Sie sagt: Gute Menschen kommen in den Himmel; und: Man kann sich den Himmel durch gute Werke und einen anständigen Charakter verdienen. Die meisten Religionen der Welt lehren das in der einen oder der anderen Form, und es ist einleuchtend. Aber Gottes Wort sagt: Dieses Leben endet im ewigen Tod, in der ewigen Trennung von Gott.[67]

Das ist nichts Neues. Tatsächlich geht das bis in den Garten Eden zurück. Adam und Eva versuchten, ihre sündige Blöße mit Feigenblättern zu verstecken. Sie wollten durch eigene Werke so weit kommen, dass sie Gott begegnen können. Aber Gott musste ihnen zeigen, dass es unmöglich ist. So bekleidete er sie mit Fellen. Dazu mussten die betreffenden Tiere sterben. Ihr Blut musste vergossen werden. Adam und Eva konnten Gottes Gegenmittel nur noch im Glauben annehmen. Gott zeigte ihnen, dass Sünde von Gott trennt und dass Menschen diese Kluft nicht überbrücken können. Sünder können ihm nur auf der Grundlage eines stellvertretenden Opfers nahen, dessen Blut vergossen wurde.

---

[67] Sprüche 14,12.

Kain hätte aus dem Fehler seiner Eltern lernen können. Stattdessen brachte er Gott ein Opfer ohne Blut, das er sich mühsam erarbeitet hatte. Damit hat er sich bewusst von Gottes Weg zur Errettung abgewendet und willentlich sein Wort missachtet. Das führt zur ewigen Verdammnis. Das falsche Evangelium scheint vernünftig zu sein, aber es führt zum Tod.

Doch bis heute ist das die beliebteste Religion. Als sein Berater starb, sagte ein amerikanischer Präsident: »Ich hoffe zutiefst, dass ... seine Seele die Gnade und Erlösung finden wird, die sein gutes Leben und seine guten Taten verdient haben!«

Ein bekannter Pastor, der berühmt war wegen seiner Vorliebe für »positives Denken«, sagte: »Wir denken und tun nur das Beste, und deshalb glauben wir auch, dass wir alle in den Himmel kommen.«

Ein gläubiger Prediger hatte wohl vierzig Minuten darüber gesprochen, dass die Bekehrung durch den Glauben und nicht durch eigene Werke zustande kommt. Als er hinausging fragte er an der Tür einen Besucher: »Sind Sie errettet?« Und dieser antwortete: »Ich tue mein Bestes.«

Ein Christ fragte einen Bekannten: »Bist du errettet?« Dieser sagte nur: »Wie kann man das so genau wissen?« Er begriff ganz genau: Wenn unser Heil von unserem Charakter und unseren guten Werken abhängt, kann man nie sicher sein. Es ist schwer und ungewiss, ob man das schafft.

In unserem Denken ist es so tief verwurzelt, dass man durch gute Werke gerettet wird, dass der Geist Gottes übernatürlich eingreifen muss, um uns davon zu befreien. Die Menschen glauben gern, sie könnten sich selbst retten oder wenigstens dazu beitragen. Es kränkt unseren Stolz, wenn wir glauben müssen, nur die Empfänger der göttlichen Gnade zu sein. Man kann sich nicht selbst den Himmel verdienen. Aber dieser Gedanke ist unerträglich.

Und so halten sie hartnäckig an der Werkgerechtigkeit fest. Sogar viele, die wirklich durch die Gnade gerettet wurden, sind der Meinung etwas tun zu müssen, um errettet zu bleiben. Die Christenheit ist heutzutage mit dieser falschen Lehre durchsäuert.

Worte, die eng mit diesem falschen Evangelium zusammenhängen, sind: Halten der Gebote, gute Werke und Verdienst. Mit anderen Worten: Gott ist dem Sünder das Heil schuldig, wenn er die Gebote hält und gute Werke vorzeigen kann.

Man stellt sich Gott wie einen Richter mit einer Waage vor. Auf die eine Schale legt er die guten Werke eines Menschen und auf die andere die schlechten. Die Schale, die sich senkt, entscheidet über sein Schicksal – Himmel oder Hölle. Dann kann man natürlich bis zum Tod nie wissen, wie die Waage ausschlagen wird.

Das ist keine Gnade. Gnade und Werke bilden einen völligen Gegensatz. Von dem Augenblick an, wo Sie beide verbinden wollen, handelt es sich nicht mehr um Gnade.[68] Auch bei dem Grundsatz »Glaube plus Werke« handelt es sich nicht um Gnade.

Die Gnade erklärt: Wir sind gerettet durch den Glauben plus gar nichts.

---

[68] Römer 11,6.

Der junge Ratsherr, der reich und traurig war

Einmal kam ein reicher junger Ratsherr, der an die Werkgerechtigkeit glaubte, zu Jesus und fragte: »Was muss ich tun, um ewiges Leben zu erben?«[69] Er wollte das Heil verdienen.

Als Jesus ihm sechs der Zehn Gebote genannt hatte, um ihm die Unmöglichkeit zu verdeutlichen, den Himmel durch eigene Anstrengungen zu verdienen, brüstete sich der junge Mann stolz, alle Gebote gehalten zu haben. Aber das stimmte nicht. Er liebte seinen Nächsten nicht wie sich selbst. Sonst hätte er seinen Reichtum mit den Armen geteilt. Seine herausragende Sünde war Habsucht. Durch das Übertreten von einem der Zehn Gebote hatte er sie alle gebrochen, denn sie bilden eine Kette aus zehn Gliedern. Er brauchte die von Jesus vollbrachte Rettung aus Gnade, nicht aus Werken. Aber er ging traurig weg.

Ungültige Fahrkarten zum Himmel

Die Irrlehre, die in unserem Denken zutiefst verwurzelt ist, ist der Gedanke, dass gute Menschen durch gute Werke in den Himmel kommen. Hier folgen einige Beispiele von solchen Werken, die von den Menschen für Himmelsfahrkarten gehalten werden:

---

69 Lukas 18,18.

Einhaltung religiöser Vorschriften

Taufe. Eigentlich ist die Taufe nur für solche, die schon errettet sind. Sie ist das öffentliche Bekenntnis zu Christus, und das sagt aus, dass wir mit ihm in seinem Tod, seiner Grablegung und seiner Auferstehung eins wurden.

Konfirmation, Kommunion und Firmung. Das sind kirchliche Traditionen, die in der Bibel nirgends zu finden sind und von daher schon kein Mittel zur Errettung sein können.

Beichte. Sünden können nicht durch Beichte oder Sündenbekenntnis vergeben werden. Was Gott erwartet, ist das Bekenntnis, dass Jesus Christus mein Herr und Erlöser ist.

Abendmahl. Wie die Taufe ist es nur für entschiedene Christen gedacht. Es ist ein Mahl, das uns an den Tod des Herrn erinnert.

Abbüßen. Um seine Sünden loszuwerden, versucht man, sie irgendwie abzubüßen. Im Neuen Testament kommt das nicht vor. Gott will, dass wir Buße tun, d. h. unsere Sündhaftigkeit anerkennen und bei ihm Vergebung suchen.

Kirchenmitgliedschaft. Die einzige Mitgliedschaft, die bei Gott zählt, ist die Zugehörigkeit zur wahren Kirche, zum Leib Christi. Alle, die wirklich an Jesus glauben, gehören dazu – egal ob sie einer Kirche angehören oder nicht. Diese Mitgliedschaft ist kein Mittel zum Heil, sondern das Ergebnis des Glaubens an Christus.

Regelmäßiger Gottesdienstbesuch. So wertvoll er an sich ist, hat er doch keine rettende Kraft.

Den Zehnten geben. Für einen Ungläubigen ist es nutzlos, einen gewissen Teil seines Einkommens der Kirche zu spenden, wenn er sich damit bei Gott etwas verdienen will. Ganz klar – Gott will sein Geld nicht. Gott will, dass er umkehrt und glaubt.

Fasten. Der Verzicht auf Essen mag gesund sein oder Christen helfen, sich auf geistliche Themen zu konzentrieren. Aber Fasten hilft uns nicht, Gott zu gefallen.

Gebete. Das Gebet, das Gott von einem noch nicht erretteten Menschen hören will, ist: »Gott, sei mir, dem Sünder, gnädig und rette mich um Jesu willen.«

Krankensalbung. In diesem Sakrament bittet der Priester um Genesung und Errettung eines Menschen, der sich in einer Todesgefahr befindet. Leider finden wir nichts davon in Gottes Wort, und darum kann sie weder Gesundheit noch ewiges Leben garantieren.

Gebote halten

Die Zehn Gebote. Wie wir noch sehen werden, decken diese Gebote Sünden nicht zu, sondern auf.

Die goldene Regel. Es wäre wirklich zu empfehlen, andere immer so zu behandeln, wie man von ihnen behandelt werden möchte. Aber es übersteigt unsere Fähigkeiten bei Weitem, das immer zu tun.

Irgendeine andere Liste von Geboten. Das Neue Testament lehrt mit allergrößtem Nachdruck, dass man zu seinem Heil selber nichts beitragen kann.

Ein guter Charakter

»**Ich führe ein anständiges Leben.**« Auch wenn man sich noch so anständig verhält, erreicht man doch nie Gottes Anspruch, wie Jesus zu leben. Eine einzige Übertretung macht uns zum Sünder, und der Lohn der Sünde ist der Tod.

»**Ich bin nicht so schlecht wie die anderen.**« Wohl jeder kennt einen, der schlechter ist als er selber. Leider bringt uns das nichts. Wenn man dadurch gerettet würde, kämen alle außer dem allerschlimmsten Sünder in den Himmel.

Gute Werke

Hilfsbereitschaft und milde Gaben. Aufgrund unseres Mitgefühls werden wir bewegt, mit den Notleidenden und Bedürftigen zu teilen. Dagegen etwas einzuwenden, wäre so töricht, wie etwas gegen die Mutterliebe zu sagen. Aber Sünden werden dadurch nicht vergeben.

»**Ich tue mein Bestes.**« Jeder sollte das tun. Aber gute Werke sind nicht der Erlöser. Das ist Jesus.

Familie

Ein frommes Elternhaus. Die Errettung ist keine Sache der Abstammung. Man erhält sie nicht durch die Eltern, sondern durch die persönliche Antwort auf das Evangelium.

Man hat einen Pfarrer, Pastor oder Priester in der Familie. Niemand wird durch die Vermittlung eines Menschen errettet, auch nicht durch fromme Familienmitglieder. Und auch nicht dadurch, dass wir gute Väter oder Mütter waren und unsere Kinder zu anständigen Leuten erzogen haben. Das ist zwar sehr lobenswert; aber es ist nicht genug. Nichts von dem, was wir Gutes getan haben, kann uns retten. Wenn das möglich wäre, hätte Christus nicht zu sterben brauchen. Der Grund, weshalb er gestorben, begraben und wiederauferstanden ist, liegt darin, dass es keinen anderen Weg zum Heil gibt, als den Glauben an ihn.

Wenn man die Liste durchsieht, wird man keinen Punkt finden, der von jedem Menschen auf der ganzen Welt erfüllt werden kann. Man kann sich tatsächlich kein sogenanntes gutes Werk vorstellen, das ohne Ausnahme von jedem getan werden kann. Wenn man an Menschen denkt, die keine Arme oder keine Beine haben oder blind und mittellos sind oder auf dem Totenbett liegen, dann wird einem klar, dass die Errettung aus Werken ein armseliges Evangelium ist. Es enthält überhaupt keine gute Botschaft.

Jahrhundertelang haben die Menschen auf jede nur vorstellbare Weise versucht, sich den Himmel zu verdienen: durch Meditation, Selbstverleugnung, Askese und Qualen (z. B. indem sie hohe Treppen auf den Knien ersteigen, durch Wallfahrten, Mönchstum oder Geldspenden. Alles war zwecklos. Nichts als das Blut Jesu kann den Schmutz der Sünde abwaschen.

Der Irrtum »Jesus und ...«

Es gibt viele, die anerkennen, dass der Glaube an Christus nötig ist, aber sie fügen dann noch irgendwelche Bedingungen hinzu. In der urchristlichen Zeit war es die Beschneidung. Heute meinen viele Menschen, die Taufe, das Zungenreden, das Sabbatgebot, das Halten des Gesetzes und ähnliche Werke seien ebenfalls zum Heil notwendig. Das ist absolut falsch. Der Herr Jesus ist der einzige Erretter. Jesus allein genügt. Er wird seine Ehre als Heiland mit nichts und niemand teilen. Die Errettung geschieht aus Gnaden durch den Glauben plus – nichts! Die Gnade ist sein Anteil an der Rettung, während wir daran beteiligt sind, indem wir glauben.

Das falsche Evangelium wird entlarvt

Das falsche Evangelium enthält ein tödliches Gift. Gottes Wort betont immer wieder, dass niemand durch Halten der Gebote oder gute Werke errettet wird.[70] Diese Dinge können die Sünden nicht auslöschen. Andererseits gibt es viele Verse in der Bibel, die uns sagen, dass man nur durch den Glauben an Christus sowie ganz und gar ohne Werke errettet wird.[71]

Wenn jemand versucht, durch Werke Vergebung zu finden, kann er nie wissen, ob er errettet ist. Er weiß nie, ob er genug gute Werke getan hat und ob es die richtigen waren. Wenn uns aber die Gnade durch den Glauben gerettet hat, können wir aufgrund von Gottes Wort wissen, dass wir errettet sind. Wir wissen, wenn wir ein Geschenk erhalten haben. Das ist es, was die Bibel meint, wenn sie sagt: »Darum ist es aus Glauben, damit es nach Gnade sei, damit die Verheißung ... fest sei.«[72] Ein Mensch, der unter Gesetz steht, kann nie für immer sicher sein, weil er nicht weiß, was er in der Zukunft noch tun wird. Der schreckliche Irrtum des Werke-Evangeliums ist, dass alles von uns selbst abhängt. Das Evangelium der Gnade garantiert den Schafen Christi, dass sie »nicht verlorengehen in Ewigkeit«.

---

70 Römer 3,20.28; Galater 2,16; 3,10-11; Epheser 2,9; 2. Timotheus 1,9; Titus 3,5.
71 Römer 3,20.28; 4,1-12; Galater 2,16-17; 3,10-14; Epheser 2,8-9; 2. Timotheus 1,9.
72 Römer 4,16.

John Kents Lied gibt dieses Vertrauen wieder:

Er verlässt uns nie und nimmer,
Hält uns doch ein ew'ges Band.
Einmal Sein, dann Sein für immer,
Dauernd hat Sein Bund Bestand.
Niemand reißt uns
Aus des Heilands mächt'ger Hand.

Menschen, die versuchen, ihr Heil zu erarbeiten oder zu verdienen, sind wie Sklaven, die sich endlos abmühen und doch nie zum Ziel kommen. Jesus verspricht den Glaubenden, dass wenn er sie frei gemacht hat, sie auch wirklich frei sind.

Das wichtigste Wort im falschen Evangelium ist TUN. Das Schlüsselwort für die Gnade heißt GETAN. Christus hat das Erlösungswerk schon vollbracht, und so brauchen wir es nicht zu vollbringen.

Von Natur aus mögen Menschen die Gnade nicht. Sie wollen sie weder für sich selbst, noch können sie es haben, wenn Gott sie anderen erweist. In dieser Hinsicht gleichen sie einem Hund in der Futterkrippe. Er frisst selbst kein Heu, vertreibt aber alle anderen Tiere. Zur Zeit Jesu verschlossen die religiösen Führer das Reich Gottes vor den Leuten. Sie gingen selbst nicht hinein und versuchten, die anderen davon abzuhalten. Auch die Gesetzesgelehrten und Theologen machten es damals so. Sie hielten das Wort Gottes von den Menschen fern, gingen selbst nicht hinein und behinderten alle, die versuchten, ins Reich Gottes zu kommen.

Das Gesetz hasst und verfolgt die Gnade. Zur Zeit des Alten Testaments spottete Ismael über Isaak. Paulus sah darin ein Beispiel, um diese Tatsache zu illustrieren.[73] Noch deutlicher wird das bei der Kreuzigung Christi. Es waren gerade die Religiösen, die den Tod von dem forderten, der Gnade und Wahrheit gebracht hatte.

---

73 Galater 4,28-31.

KAPITEL 8

Man kann leicht feststellen, wer wirklich gerettet ist

Wenn man wissen will, auf welcher Grundlage ein Mensch lebt – ob auf der Grundlage des Gesetzes oder der Gnade –, braucht man nur die einfache Frage zu stellen: »Sind Sie errettet?«, oder: »Kommen Sie in den Himmel?«

Ein echter Gläubiger wird etwa so antworten: »Ja, ich komme in den Himmel. Aber es ist durch Gottes Gnade und nicht durch etwas, was ich getan habe.«

In der Bibel gibt es einige bemerkenswerte Beispiele für Leute, die die Gnade zu schätzen wussten.

Ruth gehörte zu einem verachteten und dem Untergang geweihten Heidenvolk. Als ihr ein Mann mit Namen Boas unerwartet half und ungewöhnlich freundlich zu ihr war, sagte sie: »Warum habe ich Gnade gefunden in deinen Augen, dass du mich beachtest, da ich doch eine Ausländerin bin?«[74] Sie wusste, was Gnade ist.

Nachdem der Herr mit David einen Bund geschlossen hatte, in dem er keine Gegenleistung von David verlangte, sagte dieser: »Wer bin ich, Herr, HERR, und was ist mein Haus, dass du mich bis hierher gebracht hast?«[75] David wusste, dass er dies nicht verdient hatte.

---

74 Ruth 2,10.
75 2. Samuel 7,18.

Mephiboseth war ein Enkel Sauls, der David jahrelang gnadenlos verfolgt und versucht hatte, ihn umzubringen. Als David diesen verkrüppelten Sohn Jonathans an seinen Hof und seine Tafel geholt hatte, sagte Mephiboseth: »Was ist dein Knecht, dass du dich zu einem toten Hund gewandt hast?«[76] Ihm war klar, dass der König ihn auch hätte töten können, anstatt ihn aufzunehmen.

Paulus konnte es nie begreifen, dass er, der früher ein Verfolger der Gläubigen war, zum Apostel berufen wurde: »Mir, dem allergeringsten von allen Heiligen, ist diese Gnade gegeben worden, den Nationen den unergründlichen Reichtum des Christus zu verkündigen und alle zu erleuchten …«[77] Er gab gerne zu, einer solchen Berufung nicht würdig zu sein.

Lieder, die die Gnade preisen

Viele christliche Lieder berichten dankbar von der Gnade, die Gott den Glaubenden geschenkt hat. Die bekanntesten sind wohl die unsterblichen Verse John Newtons:

O große Gnade, die mich rief
Und mich Verlor'nen fand!
Als blind ich ins Verderben lief,
Ergriff mich Deine Hand!

---

[76] 2. Samuel 9,8.
[77] Epheser 3,8-9.

Die Gnade hat mich frei gemacht
Von Sünde, Nacht und Tod
Und mich ans helle Licht gebracht,
Zu Dir, mein Herr und Gott!

(Mir ist unverständlich, dass so viele Menschen dieses Lied mögen und singen, obwohl sie immer noch glauben, durch ihr gutes Leben gerettet zu werden.)

Den gleichen Ton stimmt Isaac Watts an:

Vergoss mein Heiland gar Sein Blut
Und starb mein Herr für mich?
Neigt Er Sein Haupt auch mir zugut,
Für solchen Wurm wie ich?

Und W. F. Crafts sagt bewundernd:

Ich blicke voll Beugung und Staunen
Hinein in das Meer Seiner Gnad'
Und lausche der Botschaft des Friedens,
Die Er mir verkündiget hat.
Sein Kreuz bedeckt meine Schuld,
Sein Blut macht hell mich und rein.
Mein Wille gehört meinem Gott,
Ich traue auf Jesus allein.

Jetzt folgt eine Unterhaltung, die zwischen Charles Simeon und Charles Wesley stattgefunden hat, als sie sich zum ersten Mal begegneten:[78]

Simeon: »Soweit ich weiß, sind Sie Arminianer.[79] Mich nennt man manchmal einen Calvinisten, und daher gehe ich davon aus, dass wir gleich mit dem Messer aufeinander losgehen werden. Aber bevor ich zustimme, den Zweikampf zu beginnen, möchte ich einige Fragen stellen: Halten Sie sich für ein verlorenes Geschöpf, so schlecht, dass Sie nie an eine Bekehrung zu Gott gedacht hätten, wenn Gott es nicht zuvor in Ihr Herz gelegt hätte?«

Wesley: »Ja, so sehe ich mich.«

Simeon: »Und Sie haben den Versuch, Gott durch Ihre guten Taten zu gefallen, völlig aufgegeben, weil Sie es nicht schaffen? Sie erwarten, nur durch das Blut Christi und durch seine Gerechtigkeit errettet zu werden?«

Wesley: »Ja, nur durch Christus.«

Simeon: »Nehmen wir an, Sie wurden anfangs durch Christus gerettet, müssen Sie dann nicht diese Errettung durch eigene Anstrengungen bis zum Ende irgendwie immer wieder neu gewinnen?«

Wesley: »Nein, Christus muss mich retten, vom Anfang bis zum Ende.«

---

78 Aus: Warren Wiersbe, *Victorious Christians You Should Know*, Grand Rapids: Baker Book House, 1984, S. 63-64.
79 Die Arminianer (nach dem Holländer Arminius) betonen den freien Willen bei der Errettung, während die Calvinisten den Schwerpunkt auf Gottes Souveränität und Auswahl legen. Das Gespräch zeigt, dass sich beide Seiten nicht notwendig gegenseitig ausschließen.

Simeon: »Nehmen wir an, Sie wurden am Anfang durch die Gnade Gottes gerettet, müssen Sie sich dann nicht irgendwie durch Ihre eigene Kraft bewahren?«

Wesley: »Nein.«

Simeon: »Dann müssen Sie ständig von Gott festgehalten werden wie ein kleines Kind von den Armen seiner Mutter?«

Wesley: »Ja, genau so.«

Simeon: »Und setzen Sie Ihre alleinige Hoffnung auf die Gnade und Barmherzigkeit Gottes, die Sie bewahrt, bis Sie im Himmel sind?«

Wesley: »Ja, ich habe keine andere Hoffnung als nur ihn.«

Simeon war zufrieden. Er fand keinen Anlass zum Wortgefecht und steckte – im Bilde gesprochen – sein Messer wieder in die Scheide.

Diese beiden Männer standen fest auf der Grundlage der Gnade.

KAPITEL 9

Ihre Worte verraten Sie

Wer auf Werke vertraut, verrät sich durch Äußerungen wie diese:

»Ich tue mein Bestes.«
Das Problem dabei ist nur, dass unser Bestes nicht gut genug ist. All Ihr »Bestes« sind nur schmutzige Fetzen in Gottes Augen.

»Ich bin nicht so schlecht wie viele andere.«
Das mag sein. Aber Sie sind schlechter, als Gott es erwartet. Er verlangt Vollkommenheit. Darum brauchen Sie einen Retter.

»Ich versuche, wie ein Christ zu leben. Ich bin freundlich zu meinen Mitmenschen und führe ein anständiges Leben.«
Sie können nicht Christ werden, indem Sie etwas versuchen, sondern indem Sie Christus vertrauen. Ein altes Lied sagt:

> *Lass dein Herz dich nicht betrügen,*
> *Schlag die »Werke« aus dem Sinn;*
> *Denn es wird nur das genügen,*
> *Wenn du fühlst: Ich brauche Ihn.*

H. Smart

»**Genügt es nicht, wenn ich es ernstlich versuche?**«
Man kann es ganz ernst meinen und doch ernsthaft falsch liegen. Haben Sie die Geschichte von dem Vater gelesen, der mitten in der Nacht herunterkam, weil er meinte, dass er einen Dieb gehört hatte? Als sich im Wohnzimmer etwas bewegte, schoss er. Er tötete dabei seine kleine Tochter. Er meinte es ernst, aber er befand sich in einem grauenhaften Irrtum.

»**Ich bin immer sehr religiös gewesen.**«
Das größte Hindernis für einen Menschen ist oft, dass er religiös ist. Das täuscht ihn, und er meint, dass er Christus nicht braucht. Warren Wiersbe sagt: »Wie die meisten ›religiösen‹ Menschen lebte Paulus gut genug, um nicht in Schwierigkeiten zu geraten, aber nicht gut genug, um in den Himmel zu kommen. Es waren nicht die bösen Dinge, die ihn von Jesus fernhielten – es waren die guten! Er musste seine ›Religion‹ verlieren, um Erlösung zu finden.«[80]

»**Ich hoffe, dass ich in den Himmel komme.**«
Es reicht nicht, es zu hoffen, man muss es wissen. Sie müssen sicher sein. Vielleicht täuscht Sie Ihre Hoffnung?

»**Mein Großvater war ein Geistlicher.**«
Dieses Argument übersieht völlig, dass die Errettung eine ganz persönliche Sache ist. Was Ihr Großvater war, hilft Ihnen nicht. Gnade liegt nicht im Blut. Die Errettung ist nicht erblich.

---

80 *The Bible Exposition Commentary*, Bd. 2, Wheaton, IL: Victor Books, 1989, S. 84.

»Man kann es nicht wissen, bis Gott das ganze Leben beurteilt hat.«
Dann wird es zu spät sein, falls Sie sich auf Ihre guten Taten verlassen. Sie können jetzt wissen, ob Sie das Geschenk von Gott bekommen haben. Es ist das ewige Leben durch Jesus Christus, den Herrn.

»Ich denke, es wird schon klappen.«
Es klappt überhaupt nicht, solange Sie auf sich selbst und nicht auf den Retter vertrauen.

»Es wäre vermessen und überheblich, würde man behaupten, dass man gerettet ist.«
Das wäre wahr, wenn die Erlösung von Werken abhinge. Wenn es aber eine freie Gabe ist, die auf schlichtem Vertrauen basiert, dann ist es keine Überheblichkeit. Gott sagt, dass alle, die Buße tun und glauben, errettet sind. Ist es Vermessenheit, das zu glauben? Nein, im Gegenteil. Es wäre vermessen, sein Wort anzuzweifeln. Das ist wirklich überheblich.

»Erst muss ich mein Leben in Ordnung bringen. Stimmt's?«
Nein, das brauchen Sie nicht. Gott lädt Sie ein, zu ihm zu kommen, wie Sie sind, mit all Ihren Sünden. Wenn Sie warten, bis Sie sich gebessert haben, werden Sie nie kommen. Gott sucht keine guten Menschen oder solche, die versucht haben, sich selbst reinzuwaschen. Er sucht gottlose Sünder, die er retten, rechtfertigen und verherrlichen kann.

»Ich fürchte, dass ich nicht bis zum Ende durchhalten kann.«
Diese Furcht hätten Sie nicht, wenn Sie einsehen würden, dass die Errettung nur durch Gnade geschieht. Sie können genauso wenig durchhalten, wie Sie sich am Anfang nicht selbst retten können. Aber der gleiche wunderbare Retter, der Ihnen die Erlösung frei und umsonst gibt, kann Sie »ohne Straucheln ... bewahren und vor seiner Herrlichkeit untadelig darstellen ... mit Frohlocken«[81].

Beachten Sie, dass all diese Äußerungen sich nur um die eigene Person drehen. Nicht ein Wort wird von dem Erlöser gesagt. Jeder meint, alles hinge davon ab, was man selbst ist oder was man selbst tun kann.

---

81 Judas 24.

KAPITEL 10

Was haben Sie bloß gegen gute Werke?

Vielleicht ist durch das Gesagte der Eindruck entstanden, dass wir nichts von guten Werken halten. Das ist ein Missverständnis. Wenn wir sagen, dass man nicht durch Werke errettet wird, so meinen wir, dass man sich den Himmel nicht durch gute Werke verdienen kann. Es gibt keine guten Werke, wodurch Gott verpflichtet wäre, uns zu retten. Dabei geht es um Werke, die man tut, um sich ein Recht auf den Himmel zu verdienen.

In gewissem Sinne sind natürlich auch Buße und Glauben eigene Werke; aber durch sie wollen wir uns nichts verdienen. Buße ist Umkehr, sodass wir Gott das Gesicht und der Sünde den Rücken zukehren. Glauben ist schlichtes Vertrauen auf das Wort des Gottes, der nicht lügen kann. Weder auf seine Buße noch auf seinen Glauben kann man stolz sein. Sie sind nur vernünftige Schritte, die jeder tun sollte.

Das einzige gute Werk, das ein Sünder tun kann, ist, an Christus zu glauben. Als die Juden Jesus fragten: »Was sollen wir tun, um die Werke Gottes zu wirken?«, antwortete Jesus: »Dies ist das Werk Gottes, dass ihr an den glaubt, den er gesandt hat.«[82] Bevor das geschehen ist, sind alle Werke in Gottes Augen böse oder tote Werke. Das Beste ist in Gottes Augen

---

82 Johannes 6,28-29.

nur wie schmutzige Lumpen.[83] Aber alles wird völlig anders, wenn ein Mensch wiedergeboren ist. Von da an ist alles, was er im Gehorsam gegenüber Gottes Wort getan hat, ein gutes Werk. Was immer er um des Herrn willen tut, gefällt Gott. Selbst die gewöhnlichsten und unscheinbarsten Aufgaben werden zu guten Werken, wenn sie getan werden, um ihm damit zu gefallen. Wir denken, gute Werke sind nur selbstloses Helfen und verschiedene Formen christlicher Nächstenliebe. Aber auch unsere täglichen Pflichten im Beruf und zu Hause sind für Gott wichtig und werden vor dem Richterstuhl Christi belohnt.

Gute Werke sind die Frucht der Erlösung, nicht die Wurzel; sie sind das Ergebnis, nicht die Ursache. Die Bibel ist voll von Belehrung darüber, dass die Gläubigen gute Werke tun sollen.[84] Nicht, damit sie errettet werden, sondern weil sie errettet sind.

Wir sind nicht durch gute Werke errettet, sondern wir sind gerettet, um gute Werke zu tun. Sie sind das Ergebnis und der Beweis unserer Erlösung.

Wir sollten nicht scheiden, was Gott zusammengefügt hat. Er hat den Glauben mit der Errettung und die Werke mit der Belohnung verbunden. Wir brauchen uns nur an diese beiden Paare zu erinnern.

---

83 Jesaja 64,5.
84 Johannes 12,26; 1. Korinther 3,8; Epheser 2,10; Titus 3,8; Hebräer 6,10; Offenbarung 22,12.

KAPITEL 11

Beantworten Sie mir diese Fragen

»**Aber wenn man sündigt, verliert man doch die Errettung?**«

Diese Frage taucht immer wieder auf: »Wenn ein Gläubiger sündigt, geht er dann verloren?« Natürlich nicht. Überlegen Sie doch einmal Folgendes:

Jesus sagte, dass keines von seinen Schafen jemals verlorengeht.[85] – Das sollte eigentlich diese Frage schon beantworten.

Die Errettung ist eine Gabe der Gnade. Wenn Gott etwas gibt, nimmt er es niemals wieder weg.[86]

Dieselbe Gnade, die errettet, bewahrt auch.[87]

Die Gabe Gottes ist ewiges Leben.[88] »Ewig« heißt: ohne Ende.

Errettete Menschen sind durch die Wiedergeburt Gottes Kinder.[89] Wenn einmal eine Geburt stattgefunden hat, kann sie nie wieder rückgängig gemacht werden. Sie bleibt bestehen, und die Verwandtschaftsbeziehung ist unauflöslich.

Genauso gewiss, wie jemand errettet ist, so gewiss wird er auch eines Tages verherrlicht werden.[90]

Der Heilige Geist wohnt immer in dem Gläubigen[91] nicht nur solange, bis er sündigt.

---

85 Johannes 10,27-28.
86 Römer 11,29.
87 1. Petrus 1,5; Judas 1.24.
88 Römer 6,23.
89 Johannes 1,12.
90 Römer 8,30.
91 Johannes 14,16.

Der Heilige Geist ist dem Gläubigen als ein Unterpfand auf den Himmel gegeben worden.[92] Er ist die Garantie auf die ewige Herrlichkeit.

Der Heilige Geist versiegelt die Christen. Das Siegel ist der Beweis, dass wir dem Herrn gehören, und gibt uns Sicherheit, bis wir den verherrlichten Leib im Himmel erhalten.[93]

Der Herr Jesus versöhnte uns mit Gott, als wir noch Feinde waren. Wie viel mehr wird er uns durch seinen gegenwärtigen Dienst, den er für uns im Himmel tut, bewahren![94] Er bezahlte einen zu hohen Preis, um uns wieder gehen zu lassen.

Die Glaubenden werden nicht verdammt.[95] Gott ist jetzt ihr Vater, nicht mehr ihr Richter. Christus bezahlte für die Sünden der Christen.[96] Das bedeutet, die Gläubigen brauchen nicht mehr zu bezahlen. Diese Bezahlung hat die Sache ein für alle Mal geregelt.

Der Herr Jesus hat das Werk vollbracht.[97] Einem vollbrachten Werk kann man nichts hinzufügen. Und Sie brauchen auch nichts hinzuzufügen!

Nichts im ganzen Weltall kann den Gläubigen von Gottes Liebe trennen.[98]

Es ist wahr, dass es Verse in der Bibel gibt, die scheinbar sagen, dass ein Mensch errettet sein kann und dann doch aufgrund seiner Sünden verlorengeht. Viele dieser Verse reden aber von Namenschristen und nicht von wiedergeborenen Gläubigen. Andere

---

92 2. Korinther 1,22; Epheser 1,14.
93 2. Korinther 1,22; Epheser 1,13; 4,30.
94 Römer 5,10.
95 Johannes 5,24.
96 1. Korinther 15,3.
97 Johannes 19,30.
98 Römer 8,38-39.

Stellen handeln vom Dienst und nicht von der Errettung. Und einige beschreiben Abgefallene – solche die sich einst zu Christus bekannt haben, dies aber später widerriefen und dadurch offenbarten, dass sie nie echt bekehrt waren.

»Ja, aber, wenn nun ein Gläubiger sündigt?«
Was geschieht, wenn ein Gläubiger sündigt? Dann ist seine Beziehung zu Gott getrübt.[99] Gott ist immer noch sein Vater;[100] aber die Gemeinschaft mit ihm ist unterbrochen.[101]

- Er verliert dann die Freude, die ihm die Errettung brachte.[102]
- Er verliert die Kraft, die in ihr liegt.[103]
- Er kann dem Herrn nicht mehr wirksam dienen.[104] Sein Mund ist verschlossen. Durch das Werk Christi kommt er in den Himmel; aber er kann ihm auf der Erde nicht mehr dienen.
- Öffentlich bekannte Sünden bringen Schande über den Namen des Herrn Jesus und geben den Feinden des Erlösers Grund zur Lästerung.[105]
- Sein ganzes Leben ist eine Lüge. Seine Taten werfen Zweifel auf, ob er wirklich gerettet ist.[106] Sein Leben gleicht einem Potemkinschen Dorf, ist mehr Schein als Sein. Sein Reden ist Schlagsahne, und sein Leben ist Magermilch.

---

99 1. Johannes 1,6.
100 1. Johannes 2,1b.
101 1. Johannes 1,7.
102 Psalm 51,14.
103 Psalm 32,4.
104 1. Mose 19,14b.
105 2. Samuel 12,14b.
106 2. Timotheus 2,19b.

- Er hat im Gebet keinen Zugang mehr zu Gott.[107]
- Seine Werke werden verbrennen, aber er selbst nicht.[108]
- Er kann die Gesundheit verlieren.[109]
- Er steht in Gefahr, im Leben Schiffbruch zu erleiden.[110] Eine einzige Entscheidung, die man in einem solchem Zustand trifft, kann uns für den Rest des Lebens unbrauchbar für Gott machen.
- Er kann sogar sein *irdisches* Leben verlieren.[111]
- Er kann seinen Lohn am Richterstuhl Christi verlieren.[112]

Die Situation ist trotzdem nicht hoffnungslos. Es gibt einen Weg zurück zu Gott. Sobald er seine Sünden bekennt und lässt,[113] empfängt er Vergebung von Gott, seinem Vater. Der erste Johannesbrief (1,9) weist uns nachdrücklich auf diesen Punkt hin. Es heißt dort: »Wenn wir unsere Sünden bekennen, so ist er treu und gerecht, dass er uns die Sünden vergibt und uns reinigt von aller Ungerechtigkeit.«

Wenn ein Geretteter gesündigt hat, muss er diese Sünde bekennen. Das heißt, er muss die Sünde in der Gegenwart Gottes als solche anerkennen und sie beim Namen nennen. Er braucht Gott nicht um Vergebung anzuflehen. Er braucht darüber nicht zu wehklagen, obwohl das sicher angebracht wäre, er braucht sie nur aufrichtig zu bekennen.

---

107 Psalm 66,18.
108 1. Korinther 3,15.
109 1. Korinther 11,30a.
110 1. Korinther 9,27.
111 1. Korinther 11,30b.
112 1. Korinther 3,15.
113 Sprüche 28,13.

Gott ist treu, und weil er es versprochen hat, vergibt er uns dann. Er ist aber auch gerecht, wenn er vergibt, weil Vergebung durch das stellvertretende Werk Christi gerecht ist.

Er vergibt uns aber nicht nur, sondern reinigt uns von aller Ungerechtigkeit. Der Fall ist vollkommen erledigt. Die Schuld existiert nicht mehr und die anklagende Stimme des Gewissens ist zum Schweigen gebracht.

Der Ungläubige erhält von Gott, seinem Richter, Vergebung seiner Sünden, wenn er umkehrt und an den Herrn Jesus glaubt. Der Christ empfängt Vergebung für seine Sünden von Gott, seinem Vater, wenn er sie bekennt.

Eine Anmerkung sollte allerdings gemacht werden: Obwohl die Sünden eines Gläubigen in dem Augenblick vergeben sind, wo man sie bekannt hat, bleiben die Folgen der Sünde oft bestehen. In diesem Sinne kommt man mit Sünde doch nicht ungeschoren davon.

»Ich kenne jemand, der errettet war und doch verlorenging. Wie kann das sein?«

An dieser Stelle höre ich den Einwand: »Ich kenne einen, der war ein Christ; aber er fiel in Sünde und ist nie wieder zurechtgekommen. Was sagen Sie dazu?«

Mehrere Punkte sollten beachtet werden: Erstens besteht ein Unterschied zwischen denen, die nur behaupten, Christen zu sein, und denen, die wirklich wiedergeboren sind. Es gibt Scheingläubige und wahre Gläubige. Wenn ein Mensch sagt, er sei bekehrt, und setzt doch sein sündiges Leben fort, so hat man guten Grund, an seinem Bekenntnis zu zweifeln. Wenn Christus in ein Leben tritt, verändert er es.

Dann gibt es Menschen, die in Sünde fallen. Sie sind wirklich bekehrt, aber sie haben sich vom Herrn entfernt. Petrus ist ein Beispiel dafür. Er liebte den Herrn wirklich; aber dann fiel er in Sünde. Wer fällt, wird entweder durch Gottes Erziehungsmaßnahmen in diesem Leben wiederhergestellt oder in den Himmel genommen.

Außerdem gibt es die Abtrünnigen, von denen Judas ein Beispiel ist. Solche Leute waren nie wiedergeboren, sondern taten nur so. Eine ganze Reihe davon wurde sogar getauft und in eine Gemeinde aufgenommen. Aber dann verwarfen sie Christus auf boshafte Weise und verleugneten die Wahrheit des Christentums. Für solche Abgefallenen ist es unmöglich, dass sie je wirklich gläubig werden.

In dieser ganzen Angelegenheit dürfen wir unsere Lehrmeinung nicht auf Erfahrungen und Gefühle gründen. Die Frage muss lauten: »Was sagt die Bibel dazu?« Und die sagt, dass ein wahrer Gläubiger für immer gerettet ist.

»Das wäre zu einfach! Es ist auch undenkbar, dass die Errettung ganz umsonst sein sollte. Finden Sie nicht selbst, dass Ihr Evangelium zu billig ist?«
Die biblische Antwort ist: Obwohl es für uns billig ist, kam es den Erlöser teuer zu stehen. Es kostete ihn alles. Es ist eben das Wesen eines Geschenks, dass es den Geber etwas kostet und nicht den Empfänger. Die Menschen lehnen doch auch Geburtstags-, Hochzeits-

und Weihnachtsgeschenke nicht ab. Warum sollte man die größte aller Gaben ablehnen?

Hinter der Bemerkung »zu billig« versteckt sich unser Stolz. Es ist fast eine unheilbare Krankheit, wenn man meint, dass man in der Lage ist, irgendetwas für seine Fahrkarte zum Himmel beisteuern zu können. Weil es diese Möglichkeit bei der Rettung aus Gnade nicht gibt, mag man sie nicht und lehnt sie ab.

KAPITEL 12

Missbrauchte und falsch verstandene Gnade

Wie alle anderen guten Dinge kann auch die Gnade missbraucht werden. Feuer und Wasser können von großem Nutzen sein, man kann sie aber auch falsch anwenden. Die Menschen können die Souveränität Gottes dazu benutzen, ihren Fatalismus zu begründen: »Wie's kommt, so kommt's, und ändern kann man sowieso nichts.« Die Lehre von der Auserwählung ist manchmal so weit verdreht worden, dass man meinte, Evangelisation sei nur Verschwendung von Zeit und Mühe.

Leider besteht die Möglichkeit, die Gnade Gottes als Entschuldigung für ein leichtfertiges Dahinleben zu missbrauchen. Gläubige können ihre Freiheit als Ausrede benutzen, um sich in alle möglichen sündigen Lüste zu stürzen. Das bedeutet durchaus nicht, dass die Lehre falsch ist, sondern dass einige den Fehler begehen, damit ihr gottloses Verhalten zu entschuldigen. Und je mehr Bibelsprüche ihnen dazu einfallen, umso besser ist es – jedenfalls meinen sie das.

Es ist wahr, Gläubige stehen nicht unter Gesetz, sondern unter der Gnade.[114] Aber das bedeutet nicht, dass sie gesetzlos leben dürfen. Sie stehen nicht unter dem Gesetz mit seinen Strafen und der damit verbundenen Verurteilung zur Verdammnis, sondern sie

---

114 Römer 6,14.

stehen unter dem Gesetz Christi,[115] das heißt, sie sind mit Christus durch Liebe verbunden und werden gedrängt, das zu tun, was ihm gefällt. Diese Beziehung wird in dem folgenden Vers schön beschrieben:

> *Muss erst ein Gesetz mich binden,*
> *Dass ich Dir gehorsam sei?*
> *Du, Du hast mein Herz gebunden,*
> *Niemals sei ich von Dir frei.*

Es ist wahr, wenn der Herr einen Menschen frei macht, dann ist er wirklich frei.[116] Aber das bedeutet keine Freiheit zum Sündigen! Freiheit ist nicht Zügellosigkeit. Ein Pilot hat die Freiheit, den Luftraum zu erforschen; aber er sollte lieber der vorgeschriebenen Flugbahn folgen, wenn er seinen Bestimmungsort sicher erreichen will. Paulus lehrte die Galater (und damit alle Gläubigen): »Denn ihr seid zur Freiheit berufen worden, Brüder; nur gebraucht nicht die Freiheit zu einem Anlass für das Fleisch.«[117]

John MacArthur stellt richtig fest:

> *Freiheit vom Gesetz bedeutet Freiheit von den Bindungen an die Sünde und von den Strafen des Gesetzes – aber nicht Freiheit von moralischen Schranken. Gnade bedeutet nicht, dass wir tun können, was uns gefällt. Sie gibt uns aber die Kraft, das zu tun, was Gott gefällt. Die bloße Vorstellung, dass Gottes Gnade uns das Sündigen*

---

115 1. Korinther 9,21.
116 Johannes 8,36.
117 Galater 5,13.

erlaube, ist ein Widerspruch in sich. Denn die eigentliche Absicht der Gnade ist es ja, uns von der Sünde frei zu machen. Wie können die Empfänger der Gnade dann mit dem Sündigen fortfahren?[118]

Warum benutzen so viele die Gnade als einen Vorwand für ihr gleichgültiges Christentum? Vielleicht sind sie gar nicht wirklich errettet. Man denke nur daran, wie manche »Fromme« Fasching feiern. Sie feiern in Saus und Braus, betrinken sich bis Dienstagabend und haben sich schon vorgenommen, am Aschermittwoch um Vergebung zu bitten. Dann versuchen sie, dass sie sich wenigstens während der Fastenzeit von solchen Sünden enthalten können.

Es mag auch sein, dass andere, obwohl sie wirklich bekehrt sind, wenig über die Gnade wissen. Vielleicht verstehen sie auch Gottes Heiligkeit nicht. Oder vielleicht ist ihre Vorstellung von der Sünde nur schwach entwickelt. Ein Mensch kann errettet und doch nur mangelhaft belehrt sein.

Es mag sich bei einigen auch um absichtliche Unwissenheit handeln. Sie wissen, was von ihnen erwartet wird, aber sie leben nicht mit dem Herrn. Sie sind in Sünde gefallen und hoffen, Gott werde ihre »kleinen« Sünden, ihre sogenannten »Kavaliersdelikte«, schon übersehen.

Oder es sind Abgefallene. Von solchen Ungläubigen spricht Judas: »… Gottlose, die die Gnade unseres Gottes in Ausschweifung verkehren und unseren alleinigen Gebieter und Herrn Jesus Christus verleugnen.«[119]

---

[118] John F. MacArthur, *Faith Works*, Dallas: Word Publishing, 1993, S. 120.
[119] Judas 4.

KAPITEL 13

Wie Gott Heiligkeit bewirkt

Wir haben gesehen, dass die Errettung aus Gnaden geschieht, durch den Glauben, ohne alle Werke. Dabei bleibt die Frage: »Wie kommt die Heiligkeit in das Leben der Geretteten?« Wenn jemand Christ wird, muss sich in seinem Leben etwas verändern. Die Frage ist, auf welche Weise sich diese Änderung vollzieht.

Wieder gibt es nur zwei Wege: Gesetz oder Gnade. Dies sind die beiden einzigen Wege, durch die Menschen erwarten, in den Himmel zu kommen. Genauso sind sie auch die einzigen Wege, durch die Menschen erwarten, heilig leben zu können.

Der natürlichste und den Menschen am nächsten liegende Weg ist der, sie unter ein Gesetz zu bringen. Man gibt ihnen Satzungen und Gebote: »Tut dies! Lasst das! ...«, und sagt ihnen, die Kraft dazu müssten sie selbst aufbringen. Und da jedes Gesetz auch die Zähne zeigen muss, fügt man hinzu: »Wenn ihr nicht gehorcht, verliert ihr die Errettung.« Dies scheint der vernünftigste und folgerichtigste Weg zu sein, um das Leben zu heiligen. Wenn man es nicht so macht, werden die Leute leben, wie sie wollen. Wenigstens lautet so das Argument.

Das Problem mit dem Gesetz als Weg zur Heiligung ist, dass er nicht funktioniert. Die Menschen sind genauso wenig in der Lage, aus eigener Kraft ein heiliges Leben zu führen, wie sie sich am Anfang selbst retten konnten. Das meint Paulus, wenn er den

Galatern schreibt: »Nachdem ihr im Geist angefangen habt, wollt ihr jetzt im Fleisch vollenden?«[120] Das Gesetz sagt uns, was wir machen sollen, gibt aber nicht die Kraft dazu und verurteilt uns dann, wenn wir es übertreten haben. Anstatt uns zur Heilung zu führen, hat es genau den entgegengesetzten Effekt. Gerade die verbotenen Früchte erscheinen süß; denn wenn uns etwas verboten wurde, erwächst in unserer gefallenen Natur das Verlangen, es zu tun. Das Gesetz bewirkt niemals Heiligkeit. Es kann nur Sünde offenbaren und die Übertreter bestrafen.

Gottes Methode, die Gläubigen zu heiligen, ist die Gnade. Das möchte ich erklären. Es ist, als ob Gott sagte: »Seht, ich habe euch durch meine Gnade gerettet. Weil ihr nun den Retter liebt, geht hin und richtet euer Leben so ein, dass es mit eurem Bekenntnis übereinstimmt.« Haben Sie es bemerkt? Die Liebe ist das Motiv für ein heiliges Leben. Und Liebe ist ein stärkeres Motiv als Furcht. Die Menschen werden aus Liebe sehr vieles tun, was sie aus Furcht vor Strafe nie getan hätten. Die Liebe zum Herrn führt zu einem heiligen Leben. Furcht schafft das niemals.

Durch die Gnade stehen Gläubige auf der Grundlage des Werkes Christi vor Gott vollkommen da. Dann lehrt die Gnade den Glaubenden, dieser Position würdig zu leben. Mit anderen Worten: Unser Verhalten soll in zunehmendem Maße dem entsprechen, was die Gnade aus uns gemacht hat. Wir werden Söhne Gottes genannt und sollten uns so verhalten, wie es sich für Mitglieder dieser königlichen Familie

---

120 Galater 3,3.

gehört. J. F. Strombeck sagt: »*Gott erinnert uns zuerst an das, was er aus Gnade getan hat. Aufgrund dessen, was er getan hat, erwartet er dann, dass wir unser Leben damit in Übereinstimmung bringen.*«[121]

Was wir als Kinder Gottes sind, sind wir in Christus. Diese Worte »in Christus« sind der Schlüssel zum Verständnis unserer Position vor Gott. So sieht Gott uns, weil wir den Herrn Jesus als unseren Erlöser angenommen haben. Unsere Praxis aber zeigt sich in unserem täglichen Leben.

Es ist schade, dass die Praxis eines Christen in diesem Leben nie vollkommen seiner Stellung »in Christus« entspricht. Aber man sollte eine fortgesetzte Bewegung in diese Richtung wahrnehmen können. Wenn wir verherrlicht bei Christus im Himmel sind, wird auch unsere Praxis vollkommen sein; aber wir ehren Gott mehr, wenn wir hier auf Erden schon große Fortschritte machen.

Einige der Eigenschaftswörter, die unsere Stellung vor Gott näher beschreiben, sind: *wiedergeboren, schuldlos, versöhnt, erlöst, angenommen, in jeder Beziehung vollkommen, gerechtfertigt, geheiligt* und *verherrlicht*.

Einige der Verben, die unsere Praxis beschreiben, sind: *sein, tun, wandeln, darbringen, opfern, geben, vertrauen, stehen, loslassen, ablegen, anziehen, sollten, dürfen* und *Frucht bringen*.

Gottes Methode ist es also, den Gläubigen erst in eine vollkommene Stellung vor Gott zu versetzen und ihn dann zu lehren, sein Verhalten damit in Übereinstimmung zu bringen. Das ist das genaue Gegen-

---

[121] J. F. Strombeck, *Disciplined by Grace*, Moline, IL: Grace and Truth, 1946, S. 102.

teil vom Gesetz. Dies sagt: »Wenn Sie einen gewissen Grad an Vollkommenheit erreicht haben, werden Sie von Gott dementsprechend angesehen.« Das wird unmöglich zum Ziel führen. Man schafft es einfach nicht. Die Gnade sagt: »Ich versetze Sie ganz umsonst in die Stellung eines Gerechten, und nun verhalten Sie sich dementsprechend.« Das kann durch die Kraft des Heiligen Geistes gelingen, der in den Gläubigen wohnt.

Vielleicht haben Sie von dem Witwer gehört, der eine Haushälterin einstellte, um für das Haus und die Kinder zu sorgen. Er schrieb eine Reihe von Regelungen auf, die er an die Kühlschranktür klebte, und ließ sie sehr deutlich wissen, dass sie sich danach zu richten habe.

Es kam aber anders: Er verliebte sich in die hübsche Frau, und sobald sie verheiratet waren, entfernte er den Zettel von dem Kühlschrank. Sie tat weiter ihre Arbeit, und zwar fleißiger und besser als zuvor; aber jetzt aus Liebe und nicht aus Furcht, ihre Stelle zu verlieren.

Richtig verstanden ist die Gnade das stärkste aller möglichen Motive für ein heiliges Leben. Betrachten Sie es einmal von dieser Seite!

Der Herr Jesus starb und opferte sich selbst, um die Sünden der Gläubigen zu sühnen. Wollen wir tatsächlich weiterhin das tun, was seinen Tod verursacht hat?

Er hat sich als unser größter Freund erwiesen. Sollten wir uns nicht zum Ziel setzen, ihm mit allem, was wir tun und sagen, eine Freude zu machen?

Als er starb, starb er als unser Stellvertreter. Als er starb, starben auch wir. In dieser Position sind wir für die Sünde gestorben. Damit sollten wir auch in der Praxis rechnen. Paulus berührt diesen Punkt in Römer 6. Er fragt: »Sollten wir in der Sünde verharren, damit die Gnade überströme?«[122] Dann antwortet er ganz entrüstet: »Das sei ferne! Wir, die wir der Sünde gestorben sind, wie sollten wir noch darin leben?«[123]

Bevor jemand durch die Gnade errettet ist, ist er ein Sklave der Sünde. Dann aber ist er ein Sklave der Gerechtigkeit. Danach sollten wir uns verhalten.

Irgendjemand hat es einmal so ausgedrückt: »Wenn Sie von der Größe des Opfers auf die Größe der Sünde schließen, wollen Sie auf ewig nichts mehr mit ihr zu tun haben.«

John Bunyan drückte sich noch drastischer aus: »Sünde ist eine Herausforderung der Gerechtigkeit Gottes, ein Fußtritt gegen seine Barmherzigkeit, eine Verhöhnung seiner Geduld, eine Geringschätzung seiner Kraft und ein Verachten seiner Liebe.«

Die Brücke, die Gottes Volk von der Sünde trennt, ist um einen zu hohen Preis aufgerichtet worden, als dass wir sie wieder überqueren dürften.

Was heißt, sich der Gnade entsprechend zu verhalten?

Die Frage ist nun: Wie kann ich wissen, wie ich mich verhalten soll? Die Antwort finden wir in den praktischen Anweisungen der Bibel. Das Neue Testament hat Hunderte von solchen Anordnungen. Dazu muss

---

122 Römer 6,1.
123 Römer 6,2.

aber ausdrücklich gesagt werden, dass sie nicht im Sinne von Geboten zu verstehen sind, deren Nichtbefolgung Strafe nach sich zieht. Vielmehr sind sie Gottes Antwort auf die Frage: »Welches Verhalten gehört sich für Leute, die durch die Gnade errettet sind?« Hier folgen einige Beispiele, die alle in einem einzigen Bibelabschnitt zu finden sind:[124]

- »... Lügt nicht und redet die Wahrheit mit euren Nächsten ...«
- »Zürnt, aber sündigt nicht.«
- »Wer gestohlen hat, stehle nicht mehr, sondern arbeite vielmehr und wirke mit seinen Händen das Gute, damit er dem Bedürftigen etwas zu geben habe.«
- »Führt keine zersetzenden Reden in eurem Mund.«
- »Betrübt nicht den Heiligen Geist Gottes.«
- »Alle Bitterkeit und Wut und Zorn und Geschrei und Lästerung sei von euch weggetan, samt aller Bosheit.«
- »Seid aber zueinander gütig, mitleidig, einander vergebend, wie auch Gott in Christus euch vergeben hat.«

So sehen wir, dass dieselbe Gnade, die uns errettet hat, uns auch anweist, »damit wir, die Gottlosigkeit und die weltlichen Begierden verleugnend, besonnen und gerecht und gottselig leben in dem jetzigen Zeitlauf«[125].

---

[124] Epheser 4,25 (Anmerkung des Herausgebers: z. T. sinngemäße Wiedergabe).
[125] Titus 2,12.

Zu diesem Punkt sagt Strombeck: »*Dass sich die heutige Christenheit auf so niedrigem Niveau bewegt, ist zum größten Teil auf eine unvollständige Belehrung über Gnade zurückzuführen. Die verbreitete Befürchtung, dass eine starke Betonung der Gnade dazu verleitet, die Sünde leichtzunehmen, würde schnell beseitigt, wenn die volle Bedeutung der Gnade richtig erklärt und verstanden würde.*«[126]

»*Denn ihr seid zur Freiheit berufen worden, Brüder; nur gebraucht nicht die Freiheit zu einem Anlass für das Fleisch, sondern durch die Liebe dient einander*« (Gal 5,13).

---

126 J. F. Strombeck, *Disciplined by Grace*, a. a. O., S. 20.

KAPITEL 14

Es ist alles Gnade

Das christliche Leben ist vom Anfang bis zum Ende Gnade. Der Gott aller Gnade hört nicht auf, alle, die er liebt, mit Freundlichkeit zu überschütten. Manchmal mag seine Barmherzigkeit unseren Blicken verborgen sein. Aber in der Rückschau stellen wir fest, dass er nie vergessen hat, freundlich zu sein.

Die Gläubigen sehen die Gnade auch in dem Wunder der Bewahrung ihres Lebens. Angesichts der allgegenwärtigen Bakterien und Viren, der zahllosen Unfallrisiken, der Gefahren im Straßenverkehr und durch gewalttätige Menschen darf man wohl von einem Wunder sprechen, wenn das Leben trotzdem weitergeht.

Denken Sie auch daran, wie die Gnade des Herrn *Sie* geführt hat. Obwohl es so viele sind, leitet er jeden Einzelnen mit unendlicher Sorgfalt und staunenswerter Geschicklichkeit, sodass alle sagen können:

In Strenge und Erbarmen war Er mir stets ein Freund,
Und hat's um Jesu willen nur gut mit mir gemeint.

Und jeder kann singen:

Was Gott tut, das ist wohlgetan.

Zeitweise geht der Weg durch eine trostlose Wüste und manchmal durch ein Minenfeld. Aber bei allem führt er uns »um seines Namens willen«.

Und dann erleben wir seine Gnade noch darin, wie er uns versorgt. Großzügig erfüllt Gott alle Bedürfnisse von denen, die er liebt nach dem unaussprechlichen Reichtum seiner Herrlichkeit in Christus. Er speist sie »mit dem Fett des Weizens« und »mit Honig aus dem Felsen«[127] und gibt ihnen ihre Speise zu ihrer Zeit (vgl. Ps 104,27).

Seine Fürsorge zeigt sich auch darin, dass er alles, was uns begegnet, unter Kontrolle hat und die Zeitpunkte und den Ablauf der Ereignisse bestimmt. In seiner Gnade garantiert er uns, dass nichts durch Zufall geschieht; vielmehr lässt er denen, die ihn lieben, alles zum Guten mitwirken. Er verspricht, dass es keiner gegen uns eingesetzten Waffe gelingen wird, etwas auszurichten, und jede Zunge, die gegen uns aufsteht, wird sich dadurch selbst verurteilen.[128] Selbst die Bosheit der Gottlosen wird zu seiner Verherrlichung und zum Wohl seines Volkes ausschlagen.

Niemals aber erstrahlt die Gnade des Herrn heller, als wenn er vergibt. Die Größe seiner Vergebung übersteigt jedes Maß. Man denke nur an den König David. Erst beging er Ehebruch mit Bathseba, während ihr Mann, Urija, im Krieg war. Dann beorderte er seinen treuen Offizier nach Hause, um es so zu arrangieren, dass Urija als der Vater des Kindes erscheinen musste, das Bathseba erwartete. Als das misslang, fasste David den niederträchtigen Plan, Urija dorthin zu senden, wo er ungeschützt vor dem feindlichen Feuer dem sicheren Tod ausgesetzt war. So eine Schande, Gemeinheit und Verrat für einen König! Aber sobald er

---

127 Vgl. jeweils Psalm 81,17.
128 Jesaja 54,17.

umgekehrt war, hörte er die befreienden Worte: »Der HERR [hat] deine Sünde weggetan.« Diese Gnade, die alles Denken übersteigt, veranlasste auch Ph. Fr. Hiller zu dem Lied:

> *Mir ist Erbarmung widerfahren,*
> *Erbarmung, deren ich nicht wert.*
> *Das zähl' ich zu dem Wunderbaren,*
> *Mein stolzes Herz hat's nie begehrt.*
> *Nun weiß ich das und bin erfreut*
> *Und rühme die Barmherzigkeit.*
>
> *Ich hatte nichts als Zorn verdienet*
> *Und soll bei Gott in Gnaden sein.*
> *Gott hat mich mit Sich selbst versühnet*
> *Und macht durch's Blut des Sohn's mich rein.*
> *Wo kam dies her? Warum geschieht's?*
> *Erbarmung ist's und weiter nichts.*
>
> *Das muss ich Dir, mein Gott, bekennen,*
> *Das rühm' ich, wenn ein Mensch mich fragt:*
> *Ich kann es nur Erbarmung nennen,*
> *So ist mein ganzes Herz gesagt.*
> *Ich beuge mich und bin erfreut*
> *Und rühme die Barmherzigkeit.*

In jeder Not gibt Gott seinem Volk die Gnade, die es gerade nötig hat. Wenn sie zum Arzt gehen müssen, können Christen einen Frieden verspüren, der weit über ihre natürlichen Fähigkeiten geht. In Krankheitstagen können sie eine Kraft erfahren, die nur von den »ewigen Armen« herrühren kann, die sie halten. Märtyrer erhalten überirdischen Mut, um Feuer oder Schwert zu ertragen. Und Gott gibt den Seinen Gnade zum Sterben, wenn sie ihre Arbeit hier getan haben. Allerdings erst, wenn sie sterben, nicht Jahre vorher.

Am herrlichsten hat sich die Gnade entfaltet, als er, der über alle Maßen reich war, unermesslich arm wurde, damit unwürdige Sünder unvorstellbare Reichtümer empfingen.

Es war unsagbar große Gnade, die vom Kreuz herab sprach: »Vater, vergib ihnen, denn sie wissen nicht, was sie tun!«[129]

Es war Gnade, die Gott bewog, den Heiligen Geist ausgerechnet in die Stadt zu senden, die seinen menschgewordenen Sohn kurz zuvor ermordet hatte.

Weil Gott der Geber dieser unbeschreiblichen Gnade ist, sagte der Psalmist in der klassischen Untertreibung, die Gedanken des Herrn über ihn seien zahlreicher als die Sandkörner am Ufer des Meeres,[130] und seine Treue reiche bis an die Wolken.[131] Wie froh können wir Gläubigen sein, dass er uns nicht nach unseren Sünden getan und nicht nach unseren Ungerechtigkeiten vergolten hat.[132] »Seine Erbarmungen sind nicht zu Ende; sie sind alle Morgen neu.«[133]

Unumschränkte Gnade trägt uns im natürlichen und auch im geistlichen Leben, und weil sie genauso die Grundlage unseres ewigen Daseins ist, wird sie dort ohne Ende das Thema unseres Lobgesangs bleiben.

---

129 Lukas 23,34.
130 Psalm 139,17-18.
131 Psalm 36,6.
132 Psalm 103,10.
133 Klagelieder 3,22-23.

KAPITEL 15

Wir fassen zusammen

Die wichtigsten Punkte, die wir beim Nachdenken über die Größe der göttlichen Gnade gefunden haben, wollen wir noch einmal zusammenstellen.

Die erste Frage, der wir uns gegenübersahen, war, wie Gott, der doch heilig und gerecht ist, dem Sünder vergeben und dabei trotzdem gerecht bleiben konnte.

Die Antwort liegt in dem einen Wort *Stellvertretung*. Gott sandte seinen einzigartigen Sohn, den Herrn Jesus, damit dieser als Stellvertreter für Sünder am Kreuz von Golgatha starb. Er bezahlte dafür den vollen Preis und schenkt nun allen, die an ihn glauben, ewiges Leben, ohne dass sie es verdient haben.

Das ist reine Gnade – Gottes unverdiente Gunst gegenüber denen, die das genaue Gegenteil verdient haben. Um die Gnade recht schätzen zu können, müssen wir vier Dinge begreifen: wer Jesus ist, was er getan hat, für wen er das getan hat und was der Segen ist, den die erhalten, die ihn im Glauben annehmen.

Es gibt nur noch eine andere Religion in der Welt. Sie wird »ein anderes Evangelium« genannt, enthält aber gar keine gute Nachricht. Sie lehrt die Menschen, sich den Himmel durch den eigenen Charakter und eigene Anstrengungen zu verdienen. Sie ist äußerst populär, weil sie dem menschlichen Stolz schmeichelt. Trotz ihres hohen Anspruchs bietet sie aber weder Gewissheit des Heils noch gegenwärtige Sicherheit oder ewiges Leben. Letztlich führt sie in die Hölle.

Menschen, die durch die Gnade gerettet wurden, geben dafür allein dem Herrn Jesus alle Ehre. Solche, die an die Errettung durch eigene Werke glauben, beanspruchen die Ehre für sich selbst, zumindest teilweise. Daran kann man erkennen, worauf einer seine Hoffnung, in den Himmel zu kommen, gründet.

Wenn wir sagen, die Errettung komme nicht aus guten Werken, so heißt das nicht, wir hätten etwas gegen diese Werke. Ganz im Gegenteil! Worauf wir den Nachdruck legen, ist, dass die Werke nicht die Wurzel, sondern die Frucht der Errettung sind. Wir sind nicht durch gute Werke errettet, sondern wir sind errettet, um gute Werke zu tun. Sie sind nicht die Ursache, sondern das Ergebnis, nicht die Quelle, sondern die Folge der Rettung.

Dann entsteht natürlich die Frage: »Wenn jemand, nachdem er errettet ist, wieder sündigt, geht er dann verloren?« Das durchgehende Zeugnis der Heiligen Schrift und das wahre Wesen der Gnade erfordern ein lautes »Nein« auf diese Frage. Sünde unterbricht die Gemeinschaft, aber nicht die Beziehung zu Gott. Gemeinschaft ist ein zartes Geflecht, während diese Beziehung eine Kette ist, die nicht zerrissen werden kann. Sobald ein Gläubiger seine Sünde bekennt, ist sie vergeben, und die Gemeinschaft mit dem Herrn ist wiederhergestellt.

Nicht jeder, der behauptet, ein Christ zu sein, ist auch wirklich errettet. Wenn die Sünde die beherrschende Kraft in einem Leben darstellt, wenn man »in der Sünde lebt«, dann besteht ernste Veranlassung, an der Bekehrung dieser Person zu zweifeln. Man kann sich für etwas ausgeben, was man gar nicht ist. Wenn Christus in ein Leben tritt, verändert er es.

Wenn jemand meint, das Evangelium der Gnade sei zu billig, sollte er sich nur daran erinnern, dass der Schenkende die Gabe bezahlt, nicht der Empfänger. Das ist eben das Wesen eines Geschenks, dass es den Geber etwas kostet und nicht den, der es erhält. Gott, der Geber, bezahlte einen enormen Preis, um uns das ewige Leben frei und umsonst zu schenken.

Wie alle guten Dinge kann auch die Gnade missbraucht werden. Man kann sie als Entschuldigung für Schwächen und Sünden nehmen. In jedem dieser Fälle liegt aber das Problem bei dem Betreffenden, nicht bei der Lehre von der Gnade.

Die Gnade, nicht das Gesetz, ist das denkbar stärkste Motiv für ein heiliges Leben. Das Gesetz fordert Leistung und droht bei Übertretung mit Strafe. Die Gnade sagt uns, was Christus getan hat, und drängt uns dadurch zu einem Leben der Heiligung. Die Gnade macht den Gläubigen vollkommen in Gottes Augen und fordert ihn dann auf, das Leben damit übereinstimmen zu lassen. Die detaillierten Anweisungen des Neuen Testaments beschreiben klar und deutlich, was dazugehört.

Das Leben der Kinder Gottes ist vom Anfang bis zum Ende eine Entfaltung der Gnade Gottes. Darin offenbart sich Gott, der den Menschen nichts schuldig ist und sie doch mit unvorstellbarem Segen überschüttet. Es ist die Geschichte des Herrn, der sein Bestes für solche gab, die nichts als Strafe verdienten.

Gott sucht immer noch nach Menschen, an denen er seine wunderbare Gnade erweisen kann. Unbeeindruckt von jahrhundertelanger menschlicher Gleichgültigkeit, Rebellion und Ablehnung lässt der »Gott aller Gnade« seine gute Botschaft verkünden und sucht die verlorenen Schafe. Er schaut nach denen aus, die ihre Schuld zugeben, mit ihren Selbsterlösungsversuchen aufhören und nun an Jesus als ihren Herrn und Erlöser glauben wollen. Weiter ist nichts gefordert!

Und denken Sie daran: Wo Gott auch nur ein Fünkchen echten Glaubens an den Herrn Jesus findet, da erklärt er diese Person für gerecht! Wie H. A. Ironside sagt: »*Gott hält so viel von der Person und dem Werk seines Sohnes, dass er jeden im Himmel haben will, der ihm auch nur den geringsten Vorwand dafür bietet, dass er ihn hineinnehmen kann. Welch beispiellose Gnade!*«[134]

Das letzte Kapitel ist noch nicht geschrieben. Die ganze Ewigkeit hindurch wird Gott uns den unbeschreiblichen Reichtum seiner Gnade offenbaren. Warum? Weil er uns um Jesu Christi willen so lieb hat.[135] Das wird eine unentwegte Entfaltung seines wunderbaren Rettungsplanes sein – mit allem, was es für ihn bedeutet hat, seinen Sohn in den Dschungel der Sünde zu schicken, um die zu retten, die darin verloren waren, und mit all den Segnungen, die das wunderbare Werk von Golgatha zustande gebracht hat!

Die Bibel schließt, indem sie noch einmal die Gnade erwähnt. Das wollen wir auch tun:

»*Die Gnade des Herrn Jesus sei mit allen*« (Offb 22,21; RELB).
Amen.

---

[134] H. A. Ironside, *The Levitical Offerings*, Neptune, NJ: Loizeaux Bros., 1982, S. 64.
[135] Epheser 2,7.

Mein Bergungsort
O Gottes Liebe, die mich rief
Aus dem Verderben groß und tief!
O Gnade, die mich suchte dort,
Wardst meiner Seele Bergungsort!

Den, der die Welt erschaffen hat,
Bekämpfte ich in Wort und Tat,
Verwarf die Gnade fort und fort,
Zu stolz für einen Bergungsort.

Das Dunkel liebt' ich, nicht das Licht,
Und wollte Gottes Gnade nicht.
So lauschte ich der Schlange Wort
Ganz sicher – ohne Bergungsort.

Doch Gottes Gnade fand mich dann
Und legt' mir schwere Fesseln an.
Ich fühlt' des Teufels Hass und Mord
Und brauchte einen Bergungsort.

Ich floh in Angst zum Sinai
Und beugt' vor dem Gesetz die Knie.
Doch immer klarer war mir dort:
Dies ist für dich kein Bergungsort.

Da sprach Sein Geist vom Himmel her:
›Nur Gnade brauchst du, sonst nichts mehr.‹
Er brachte mich mit sanftem Wort
Zu Jesus – meinem Bergungsort.

Ihn traf der Allmacht Zorngericht,
Die ganze Welt ertrüg' es nicht.
Er aber nahm die Sünde fort
Und wurde unser Bergungsort.

Wenn noch so sehr der Donner grollt,
Das Schifflein schwankt, die Woge rollt,
Ich komme doch zum sichern Port;
Denn Jesus ist mein Bergungsort.

Noch wen'ge Tage wird es sein,
Dann ziehe ich in Kanaan ein.
Dort schau ich Dich, mein Heil, mein Hort!
Dich, meinen großen Bergungsort!

Dieses Gedicht trug Major John Andre bei sich, als er am 23. September 1780 gefangen genommen wurde. Es ist nicht bekannt, ob er auch der Autor war.

Abkürzungen

Luther 1912
Die Heilige Schrift nach der deutschen Übersetzung Martin Luthers, Stuttgart, 1912.

RELB
Elberfelder Übersetzung, revidierte Fassung, Wuppertal: R. Brockhaus Verlag, 8. Aufl. 2001.